五彩劳育悦生活
——中职学校劳动教育拾萃

王朝晖　主编

羊城晚报出版社

·广州·

图书在版编目（CIP）数据

五彩劳育悦生活：中职学校劳动教育拾萃／王朝晖主编．—广州：羊城晚报出版社，2023.11

ISBN 978-7-5543-1255-1

Ⅰ.①五… Ⅱ.①王… Ⅲ.①劳动教育—教学研究—中等专业学校 Ⅳ.①G40-015

中国国家版本馆CIP数据核字（2023）第209318号

五彩劳育悦生活——中职学校劳动教育拾萃
Wucai Laoyu Yueshenghuo —— Zhongzhi Xuexiao Laodong Jiaoyu Shicui

责任编辑	梁醒吾
责任技编	张广生
装帧设计	友间文化
出版发行	羊城晚报出版社
	（广州市天河区黄埔大道中309号羊城创意产业园3-13B
	邮编：510665）
	发行部电话：（020）87133053
出 版 人	陶　勇
经　　销	广东新华发行集团股份有限公司
印　　刷	广州市岭美文化科技有限公司
规　　格	889毫米×1194毫米　1/32　印张10　字数190千
版　　次	2023年11月第1版　2023年11月第1次印刷
书　　号	ISBN 978-7-5543-1255-1
定　　价	48.00元

《五彩劳育悦生活——中职学校劳动教育拾萃》

编委会名单

前 言

　　为深入贯彻落实习近平新时代中国特色社会主义思想和党的二十大精神，进一步贯彻落实《中共中央　国务院关于全面加强新时代大中小学劳动教育的意见》、教育部《大中小学劳动教育指导纲要（试行）》《义务教育劳动课程标准（2022年版）》等文件精神，积极推进《广州市推进大中小学新时代劳动教育三年行动方案（2021—2023年）》工作任务，立足省级、市级劳动教育基地建设，总结交流本地中职学校劳动教育优秀成果，引导和鼓励各学校通过积极开展劳动教育创新实践、破解劳动教育难题、提高劳动教育实效，建立起有利于调动中职学校教育工作者求真务实创新、加强学校劳动教育工作的激励机制，进一步促进劳动教育在促进学生综合素质发展、教师专业成长等方面的重要作用，广州市家庭教育名师王朝晖工作室牵头组织各成员学校开展劳动教育理论和实践研讨、交流和指导工作，并对中职学校劳动教育进行专题回顾总结、征集作品，全面反映中职学校劳动教育的理论思考、实践创新、参与感受等多方面的论文、调研报告、典型案例、教学设计、班会设计、诗歌、小品、书法、绘画等作品。本次活动得到工作室旗下各成员单位的大力支持，很多校领导参与，广大师生踊跃投稿，共征集各类作品逾百份。这也体现了各学校高度重视劳动教育，想方设法拓宽渠道，加强学生劳动意识的培养和劳动技能水平的提高，引导广大学生用劳动和汗水铸造美好的未来。为推广经验、深入交流，带动更多学校和师生参与劳动教育的研究与实践，工作室组织专家从众多作品中优中选优组织编写了本书。

习近平总书记指出，"劳动光荣、技能宝贵、创造伟大"。当前德智体美劳五育并举，国家重视技术技能、社会崇尚技术技能、人人学习技术技能、人人拥有技术技能的氛围越来越浓厚，中小学劳动教育必须成为引领劳动光荣、技能宝贵、创造伟大时代风尚的主力军，中职学校劳动教育基地必定大有可为。这本成果集广大一线教师劳动教育实践经验分享，期待通过同行交流，发挥"他山之石"的作用，祝愿所有学校在加快建设教育强国的进程中不断进行新的探索，取得新的成绩，作出新的贡献，努力把广大中职学生培养成为"有理想、敢担当、能吃苦、肯奋斗"的新时代好青年，在全面建设社会主义现代化强国和全面推进中华民族伟大复兴的进程谱写更加绚丽的篇章！

广东省中等职业学校德育研究与指导中心主任

汪永智　广东省中小学劳动教育基地建设项目总负责人

广东技术师范大学教授

2023年6月

劳动教育是全面贯彻党的教育方针的基本要求，也是推动学生全面发展的重要方式。与劳动教育的结缘，源于近年来羊城晚报教育发展研究院参与策划、承办了多场以劳动教育为主题的现场会和研讨会。透过广州市一系列加强劳动教育的实施路径和方法，看到了广州教育将劳动教育贯穿于人才培养的全过程。

近年来，广州市把加强劳动教育作为建立五育并举教育体系的重要工作。2021年，广州入选了首批"全国中小学劳动教育实验区"，全市中小学劳动教育被列入了广州市"十大民生实事"。基于此，广州市教育局坚持开门办劳动教育这"一个理念"，聚焦劳力、劳心"两个目标"，采取政府推动、学术驱动、市区联动"三项举措"，找准开设必修课程、开设校本课程、加强师资建设、促进学科融合"四个抓手"，落实普及实践活动、拓展实践场所、创新教育模式、落实教育评价、加大经费投入"五个保障"，积极推动构建跨产业、跨行业、跨部门、跨学科、跨平台的广州新时代学校大劳动教育格局。

劳动教育与职业教育有着天然的联系性。只有在不断地劳动实践中，才能使技能不断娴熟，因此，职业教育本身就是劳动教育的过程。但如果只重视技能，而忽视对于劳动教育的强调，则会导致职业教育庸俗化，失去其内涵，使得学生对劳动缺乏正确的态度。职业学校的劳动教育，除了让学生掌握劳动理论知识和必备的生活劳动技能外，还应注重培养学生情感态度价值观层面上的目标，培养学生的工匠精神、职业认同感、职业责任感等劳动精神与劳动价值感。

为了深入贯彻落实习近平总书记关于教育、劳动教育的重要论述和全国教育大会精神，推进中职教育改革创新、提高人才培养质量、服务国家战略和区域发展需要。2022年6月，广州市举办了"五彩劳育悦生活，缤纷职业初体验"羊城学校劳动教育职业体验活动。活动以"职业体验"为载体，用"黄、绿、蓝、红、橙"五种颜色传递五种不同的正能量精神，串起职业体验的系列主题活动和课程。活动将劳动教育与职业教育相融合，联动学校、家庭和企业，全方位多维度为广州学子带来丰富多元的劳动职业体验。希望通过五彩缤纷的劳动教育职业体验系列活动，打造"五彩三度（深度、广度、温度）"的活动效果。该活动由广州市教育局主办，广州市旅游商务职业学校承办，羊城晚报教育发展研究院协办。这本《五彩劳育悦生活——中职学校劳动教育拾萃》正是这一系列活动的阶段性成果。

此外，本书是在广州市旅游商务职业学校副校长、广州市家庭教育名师王朝晖的发动下，名师工作室各成员学校的老师们结合自身学校的实际情况，展示探索和实践中职学校优秀劳动教育的成果集锦。全书共收录了论文、典型案例、班会设计、教学设计、文艺作品、系列活动六大类共七十余篇优秀劳动教育成果，涵盖了中职学校劳动教育的理论与实践、课程与活动、评价与反思等多个方面，这些不仅反映了诸位一线教师对劳动教育的认识和思考，也体现了他们对劳动教育的热情和投入，这些作品是中职学校劳动教育的一抹亮色，也是"五彩劳育悦生活"一份重要成果。

在本书中，羊城晚报教育发展研究院精心制作的"走进劳动一线 对话大师"系列文字和视频报道，展示了盆景、陶艺、钩针编织、宝石切割、种植等具有创新性的劳动，展现了劳动精神和工匠精神。"走进职教课堂"系列视频，则在弘扬中华优秀传统文化中，传承了匠心技艺，让新一代感知职业背后深层的文化，激发了学生们的文化自豪感和创造力。在这些活动中，学生在实践中积极参与和主动探索，教师则在全过程中进行循循善诱和专业引导，这种方式无疑是符合新时代教育发展的需求和方向的。

在当前社会转型期，我国面临着人才培养质量不高、技能人才缺乏、非遗文化流失等问题，而劳动教育正是解决这些问题的有效途径之一。我们坚信，这本书对于推动中职学校劳动教育的发展具有重要的意义和价值，未来中职学校劳动教育将展现蓬勃发展的生命力。

《五彩劳育悦生活——中职学校劳动教育拾萃》一书旨在通过分享中职学校优秀劳动教育成果，为广大中职教师和家长提供一些借鉴和启发，促进中职学校劳动教育的创新和发展，为培养德智体美劳全面发展的社会主义建设者和接班人贡献力量。

这本书的出版离不开广州市教育局、广州市旅游商务职业学校和广州市家庭教育名师王朝晖工作室各成员单位的大力支持和协助。在参与本书编写与出版的过程中，我也被王朝晖副校长对劳动教育的热爱和执着所感染，她对中职学生的关心和呵护，对中职教育的责任和担当深深打动了我。

衷心希望本书能够为中职学校劳动教育的发展提供一些参考和启示，也希望能够引起更多人对中职学校劳动教育的关注和支持。祝愿王朝晖副校长和她的工作室能够继续以匠心砥砺前行，以劳动教育为媒，以"五彩劳育悦生活"为目标，为中职学校劳动教育的发展作出更大的贡献。让我们共同努力，让劳动教育成为中职学生快乐成长、全面发展、终身受益的重要途径，让劳动教育成为中职学校培养高素质技术技能人才、服务国家战略和区域发展需要的重要力量。

陈晓璇　　羊城晚报教育健康部副主任
　　　　　羊城晚报教育发展研究院执行院长

目 录

Contents

PART 论文

PART 典型案例

PART 3 班会设计

教学设计

PART 5 文艺作品

PART 5 系列活动

劳育赋能职业教育，让工匠精神内化于心外化于形

　　2022年羊城学校劳动教育职业体验活动正式启动

5场劳动教育实践活动

走进职教课堂

五彩劳育悦生活

PART 1

论文

以职业体验助力中小学劳动教育出彩赋能

——广州市旅游商务职业学校劳动教育基地的实践与探索

广州市旅游商务职业学校　王朝晖

摘　要　新时代依然需要劳动教育，因为美好生活向来都是劳动创造出来的。作为第一批"广东省中小学劳动教育基地"，广州市旅游商务职业学校做了积极有效的实践与探索，以职业体验助力中小学劳动教育出彩赋能。本文从新时代劳动教育的必要性、广东做法的重要意义和效果、劳动教育基地学校将劳动教育与研学实践相结合的职业体验思路和实践、羊城学校劳动教育之职业体验系列活动出新出彩等方面逐一论述。

关键词　劳动；劳动教育；职业体验；校家社协同育人

　　从古到今，无论东方或西方，劳动一直都与人们的日常生活息息相关，有个体性，也有群体性。新的时代，我们依然需要劳动教育，因为美好生活向来都是劳动创造出来的。作为第一批"广东省中小学劳动教育基地"，广州市旅游商务职业学校做了积极有效的实践与探索，以职业体验助力中小学劳动教育出彩赋能。

一　新时代中小学开展劳动教育的必要性论述

开展劳动教育是培养我国中小学生马克思主义劳动观的必经之路。马克思在《1844年经济学哲学手稿》中，把劳动称之为人的"自由自觉"的活动，劳动是人获得自由的唯一途径。马克思主义劳动观有三个基本观点：第一，人是劳动的产物，劳动创造了人类生存所必需的全部物质条件和精神条件。马克思说："任何一个民族，如果停止劳动，不用说一年，就是几个星期，也要灭亡，这是每一个小孩都知道的。"劳动是人的生命存在和全部社会活动的前提，作为生命存在的人要解决吃、穿、住的生活问题，必须从事生产劳动，通过劳动改造自然，从大自然中获取生活资料。第二，劳动是人类全部社会关系形成和发展的基础。人们在劳动过程中，一方面同自然界发生关系，另一方面在人们之间又结成了生产关系。第三，劳动是促使社会历史发展的根本推动力量。社会发展的最终决定力量不是精神、意志、神灵，而是人的劳动实践。马克思、恩格斯看来，人不仅凭借劳动满足最基本的生存需要，实现社会财富的创造和积累，而且人最终也要通过劳动来实现人之为人的自由本质。辛勤劳动是人实现求生需要的内在规定和必然要求。劳动不但创造了人的物质生活，也充盈着人的精神世界，使人得以成长。今天，我们坚持学习马克思主义，一定是以马克思主义劳动概念为武器自觉抵制其他错误的劳动概念的影响，在马克思主义的劳动概念中去追求劳动对发展人的真、善、美的意义。

开展劳动教育是我国各级学校落实习近平总书记关于劳动教育重要论述的核心要义。党的十八大以来，习近平总书记站在实现中华民族伟大复兴的战略高度，强调"幸福不会从天降，美好生活靠劳动创造"。2018年9月，习近平总书记在全国教育大会上明确点明劳动的重要性，重新将劳动纳入国家教育体系，强调要在学生中弘扬劳动精神，要教育引导学生崇尚和尊重劳动。习近平总书记关于劳动教育的重要论述立足国情和发展实际，不仅丰富发展了党和国家的教育方针，而且对学校加强劳动教育提出了新任务、新要求。

开展劳动教育是我国培育社会主义建设者和接班人的重要手段。2020年3月，中共中央、国务院印发了《关于全面加强新时代大中小学劳动教育的意见》，明确提出劳动教育要以"培养勤俭、奋斗、创新、奉献的劳动精神"等为总体目标，使劳动精神培育在中国特色社会主义教育制度中得以彰显。这是就全面贯彻党的教育方针，加强大中小学劳动教育进行了系统设计和全面部署，从基本目标、总体内涵、课程设置、内容要求、评价制度五大方面明确了劳动教育体系的建构。劳动教育直接决定了社会主义建设者和接班人的劳动精神面貌、劳动价值取向和劳动技能水平，我们每个人都应当牢记，实现中华民族伟大复兴的中国梦要靠一代又一代人接续奋斗，任何一项伟大的事业都要靠辛勤劳动才能实现。

开展劳动教育是我国教育事业实现立德树人根本目标的有力抓手。党的二十大向教育提出更高要求，再次明确德智体美劳五育并举。作为教育者，针对当下青少年劳动意识不强等现状，在培养建设现代化强国的劳动大军的过程中，特别需要发挥劳动教育综合育人功能，树德、增智、强体、育美、创新。我们要在校园里大力营造"劳动光荣、技能宝贵、创造伟大"育人文化氛围，形成劳动创造美好生活的共识，让学生领悟劳动创造美的现实意义，为实现中国式现代化夯实基础。

■ 广东推动中小学劳动教育发展的创新性实践

广东省设置中小学劳动教育基地的缘起。广东省教育厅为进一步贯彻落实中共中央、国务院《关于全面加强新时代大中小学劳动教育的意见》、教育部《大中小学劳动教育指导纲要（试行）》等文件精神，积极推动全省各地中小学生劳动教育实践活动深入开展，建立健全开放共享机制，充分利用职业院校实训实习场所、设施设备，为普通中小学提供所需要的服务。2020年3月从省内职业院校特别是开设有家政、烹饪、手工、木工、种植、物品维修、非遗、志愿服务等生产、服务性劳动等实践拓展类课程，形成具有综合性、实践性、开放性、针对性的劳动教育课程体系并具备承接中小学生劳动实践教育活动能力的职业院校中，遴选出首批"中小学生劳动教育基地"，服务于周边中小学生劳动教育实践活动。基地的主要工作职责是召集附近中小学（7-8所）组建"劳动教育协作共同体"，为共同体成员提供实训实习场所、设施设备、平台、师资等劳动教育资源和服务，共同开发劳动教育课程，开展劳动教育研究等，形成劳动教育的共育合力。基地应定期召集共同体成员召开会议，研讨劳动教育等相关内容，形成共同体劳动教育相关报告，切实发挥劳动教育共同体作用。在广东中职学校的校园里，劳动教育分为面向本校学生和面向中小学生两大板块。

广东省中小学劳动基地实施劳动教育的路径和方法。首先是开设劳动专题教育必修课，不少于16学时。主要围绕劳动精神、劳模精神、工匠精神、劳动组织、劳动安全和劳动法规等方面设计，包括日常生活劳动、生产劳动和服务性劳动中的知识、技能与价值观。既体现中职学校的专业实操特点，又强调"教育"意义，反映课程的精神熏陶作用。其次是将劳动教育全面融入公共基础课和专业课之中，组织学生广泛参与校内外公益性实践劳动。注重塑造学生精益求精的工匠精神和爱岗敬业、团结合作的工作态度。再次是主动开放实训实习场所、设施设备，为普通中小学提供所需要的服务。用身边的工匠精神引领中小学劳动教育。

广东省设立中小学劳动教育重要意义和效果。广东省教育厅2021年3月公布第一批"广东省中小学劳动教育基地"，共有38个。据广东省中等职业学校德育指导委员会主任、广东省中职学校德育研究与指导中心主任、广东技术师范大学研究生教育督导组副组长汪永智教授介绍，这一批劳动教育基地很有特色，主要表现在以下几个方面。首先"广东省中小学劳动教育基地"不是设立在中小学，而是设立在职业院校，其中高职院校有10个，中职学校有28个。"广东省中小学劳动教育基地"虽然设立在职业院校，但主要是服务于中小学校和广大中小学生。每个基地要与不少于8所中小学校建立相对稳固的合作关系，协同开展劳动教育。其次"广东省中小学劳动教育基地"不是把所在学校劳动教育基地建设好，而是要辐射周围的中小学校共同构建一个广东省中小学劳动教育的共同体。这个共同体的圆心是基地所在的职业院校，半径是立足职业院校服务基地学校附近的中小学校。同时很多基地也辐射到了市内外省内外。很多基础学校结合乡村振兴计划，很好地服务了学校原来所帮扶的中小学校，很好地服务了中小学生。再次"广东省中小学劳动教育基地"不只是附近中小学生到基地开展劳动教育实践活动，而且还要经常派专业老师到中小学校，给中小学生开讲座指导中小学生开展相关项目的劳动教育。如非物质文化遗产的传承，很多基地学校都是派专业老师到中小学校给学生进行宣传教育和实践指导。最后"广东省中小学劳动教育基地"建设经费是由省教育厅专项支持的，同时也希望学校有相应的配套经费给予资助。"广东省中小学劳动教育基地"的设立挂牌不是一劳永逸的，需要接受中期检查和终期验收。[2]

三 广州市旅游商务职业学校将劳动教育与研学实践相结合的职业体验思路和实践

（一）学校开展中小学劳动教育的工作优势和特色

广州市旅游商务职业学校（简称"广州旅商"）开展劳动教育的工作优势。广州旅商是首批广东省劳动教育基地，也是首批广东省中小学生研学实践教育基地、首批广东省中华文化传承基地、首批广东省粤菜师傅培训基地。1981年建校，是广州市教育局局属职业高中，公益一类事业单位。建校以来，已拥有雄厚的餐饮、旅游专业职教背景，成为首批国家中等职业教育改革发展示范学校、国家级重点中等职业学校、全国职业教育先进单位、全国教育系统先进集体、教育部"改革开放四十年中职高质量发展五个案例"学校、第一批广东省高水平中职学校建设单位。办学质量得到社会的广泛称赞，被誉为"粤菜厨师黄埔军校""广东旅游商务人才的黄埔军校"。广州旅商面向中小学开展劳动教育，可提供一系列的职业体验场馆，有两大优势：一是设施设备均达到全国行业的领先水平。仅校本部的职业体验场馆面积就超过1.3万平方米，包括厨房体验馆11个、茶艺体验馆4个、咖啡综合体验馆5个，每批次接待人数可达200人以上。二是提供劳动教育"双导师+助理"的服务。学校优选了一批行业大师、专业高级教师来担任专业讲解老师，还有技师、高级技师参与教学，选派二年级以上优秀学生担任导师助理。中小学生在校园的活动，有导游专业学生全程引领。

广州旅商开展劳动教育的特色。学校具备的特色主要有以下两个方面。第一是师资方面。遴选十几位资深的"双师型"教师。例如：马健雄：中华金厨奖，中国烹饪大师，广州首届十大名厨，广东省首个粤菜师傅培训基地、广东省粤菜师傅大师工作室负责人；陈丽敏：高级茶艺技师，高级评茶师，广东技术能手，广东省茶艺师职业技能竞赛"金奖"获得者；李伟慰：咖啡质量协会咖啡品质鉴定师，欧洲精品咖啡协会专业级咖啡师，COE"卓越杯"咖啡杯测竞赛国际评委，中国咖啡联盟裁判工作委员会成员；等等。第二是课程方面。广州旅商劳动教育课程体系根据不同学龄段的特点进行设计，包括小学（劳动体验课程）、初中（劳动体验课程）、高中（劳动同职业结合课程、"我们的节日"系列活动、广州旅商服务周、企业实习）。

因此，广州旅商多次承办市级劳动教育主题活动。如2020年"羊城小神厨争霸赛"学生膳食营养烹饪实践展示推广系列活动，共征集中小学生作品16000多份，让学生充分展现营养生活我做"煮"，劳动"智"造乐其中。

（二）学校开展中小学劳动教育出现的问题分析

劳动教育和研学实践结合的效果不够理想。广州旅商在开展活动调研发现，劳动教育职业体验与研学实践呈现的效果是不一样的。劳动教育职业体验注重体验感受，学生通过出力、流汗，感悟劳动成果来之不易，懂得珍惜，关注培养兴趣，养成劳动习惯。中小学生在广州旅商的劳动体验包括三个方面的内容，"前置作业（基本要求的培训）""观摩和实操""家校交流分享（家庭制作、心得等）"。从大多数中小学生的参与情况来看，增强劳动感悟更紧迫一些。研学实践是研究性学习，每个学生对同一个项目的参与绝不止一节课那么简单，最终需要解决评价的问题，目前研学实践的评价仍处于探索、试验阶段，体量尚未达到预想的规模，因此劳动教育和研学教育的结合效果不够理想。

劳动教育职业体验规范化和常态化机制不够健全。劳动教育的课程大多数与生活相关，而且根据不同年龄段的学生特点，在前置作业、活动过程、小结等细节方面都做了设计。我们期待一种最理想的结果，那就是每一个参与体验的中小学生，在完成全部学习内容之后，系统会生成相应的结业证书，仪式感十足，有利于激励中小学生再次选学其他课程。当然，这要有一个前提，结业证书能够获得不同级别的官方认可。对于一些愿意继续"升级"的学员，家长支持的话，他们还可以选择"沉浸式学习体验"，为将来真正走上职业道路打好基础。这一群体正是中职学校最愿意看到的潜在生源，可塑性较强。

（三）学校开展中小学劳动教育的经验总结

首先是送教上门，安全体验。广州旅商根据中小学的实际情况，采用"引进来""带出去"的方式开展劳动教育师资培训，协助中小学开课。"前置作业"是安排在中小学进行，学校开创专业导师+助理的授课模式，到中小学手把手进行授课，并做好基础性工作特别是安全的事项更是要让中小学生耳熟能详，以便进入实训室之后可以互相督促。

优秀课程示例

小学职业体验式劳动教育课程

宝玉直实验小学2021年4月20日到广州旅商开展"职业体验式劳动教育课堂"首次课程。参与人员包括109名六年级学生，约8名带队领导及老师，12位家委会成员，安排咖啡、茶艺、中点、西点课堂，从"职业服装、劳动流程、安全意识、卫生意识、职业礼仪、劳动体验、分享成果"七个方面打造旅商劳动教育基地特色课程。

工作类别	工作内容	负责人
课程监督及管理	与目标学校沟通课程内容，制订工作方案	曾健允
	课程内容审核及课堂实施监督	胡秋月、曾健允、徐嘉平
	制定研学学生评价体系	曾健允、徐嘉平
	前往目标学校开展"旅商研学"实践教育基地职业体验式劳动课堂之研学第一课，制订活动流程	任小洁
课程教案制定及课堂开展	职业体验式劳动课堂之咖啡课堂	李伟慰
	职业体验式劳动课堂之茶艺课堂	陈丽敏、白碧珍
	职业体验式劳动课堂之中点课堂	马建雄、吴晓儿
	职业体验式劳动课堂之西点课堂	马建雄、江志伟
研学助教及小导游团队管理	助教及小导游团队人员选拔及工作培训	李伟慰、白碧珍、吴晓儿、江志伟
	助教及小导游团队工作流程培训会	曾健允、任小洁
后勤保障与物料准备	研学课堂指引牌、研学课堂证书、旅商研学基地旗帜、课堂所需物品采购	薛树敏

（续表）

工作类别	工作内容	负责人
宣传工作	制作电子显示屏（热烈欢迎宝玉直实验小学来校参与"旅商研学"实践教育基地职业体验式劳动课堂）、课堂现场跟拍、活动整体宣传	张鸣秋
疫情防控及安全预案	交通指挥；安全保障；对进入校园的外校师生、家长进行体温检测并要求戴口罩	王雷、保卫组
	研学课堂中突发医疗需求，疫情防控应急处置	校医室

其次是美劳结合，提升品质。广州旅商面向中小学开设的职业体验课程都与日常生活息息相关，各学校可以根据学生的兴趣选择参与项目。比如茶艺、咖啡制作、西式饮品调饮、插花、餐巾折花、摆台、饰物制作、汉服发型、形象设计、点心制作、烘焙、果蔬摆盘、粤菜、西餐等，学的不仅仅是专业知识、基础技能，还能提高个人的审美水平，甚至可以提升家庭的生活品质。

优秀课程示例

"5·15国际家庭日"活动

广州市家庭教育名师王朝晖工作室在2022年"5·15国际家庭日"所在周组织"家庭教育活动周"活动，主题为"'美'驻我家，'育'见美好"。11所学校参加四个大项目活动，包括"我读书，我快乐"亲子共读好书，电子相册制作活动；"同游红色景点，传承红色基因"微视频制作活动；"变废为美DIY"创意活动；"健康饮食，从我做起"便当制作活动。这次活动共收集到409个家庭的作品，其中277个作品获奖，美不胜收，社会反响热烈。很多学校的领导和老师纷纷表示在后期推选优秀作品时都欣喜地感受到学生的创新能力有所提高。创新精神是劳动主体的内在驱动力，劳动精神是激发创新活力的有效途径，这次"5·15国际家庭日"活动确实让学生开了眼界，校家社协同育人，为以后持续开展工作提供了可操作可复制的样本。

最后是为社会提供"劳动教育套餐"。劳动教育基地除了通过职业体验课程来弘扬热爱劳动的优秀品质外，广州旅商充分发挥职教集团会员单位的资源优势，整合劳动教育套餐，满足各类学校不同学龄段或特别节日的教育需求。

优秀课程示例

"我们的节日"系列活动之一粟一叶"粽"关情

2020年6月24日，广州旅商组织了100多位教师、学生及家长代表齐聚校园，在烹饪大师的指导下，共同包粽子。端午节期间，让劳动变成劳动教育的过程，在传统文化的浓郁氛围中体验劳动的魅力，并以此作为下一次劳动教育的新起点。

四　学校开展劳动教育和职业体验系列活动的丰硕成果

广州旅商发挥校家社协同育人的资源优势，全力配合广州市教育局开展中小学劳动教育，打造和形成羊城学校"百校千课万人"的中小学劳动教育氛围。下面以2022年的劳动教育专项活动为例。

2022年羊城学校劳动教育职业体验活动是由广州市教育局主办，广州市旅游商务职业学校承办，羊城晚报教育发展研究院协办，以"五彩劳育悦生活，缤纷职业初体验"为主题，集中在7月至11月面向广州市大中小学开展。"五彩"对应着本次劳动教育体验活动的五大类型，给学生五种不一样的成长体验。活动以"职业体验"为载体，用"黄、绿、蓝、红、橙"五种颜色传递五种不同的正能量精神，串起职业体验的系列主题活动和课程。活动将劳动教育与职业教育相融合，联动学校、家庭和企业，全方位多维度为广州学子带来丰富多元的劳动职业体验。通过五彩缤纷的劳动教育职业体验系列活动，打造"五彩三度（深度、广度、温度）"的活动效果。各校学生通过参与职业体验，凝聚用青春和汗水谱写最美奋斗华章的力量，坚定在劳动中实现个人价值、家国梦想的信心。正如旅商毕业生、全国技术能手、广东省技术能手陈金川所说："劳动教育的回归，我认为也是党对青少年关爱的一种体现和对未来的期待。我坚信我们青年一定能够做到德智体美劳全面发展，然后稳稳担起时代发展、民族崛起的重任。"

整个活动按系列推进，线上线下相结合，有安排上学时段的校园劳动教育，有节假日到基地单位的体验项目，有劳模引领、行业大师点评等，活动历时大半年，受到中小学家长的热捧。尤其是暑假，每次的职业体验名额都是通过平台向社会发布信息，由媒体发动征集，限时报名。有意参与的家长要带着孩子用手机报名，常常遇到"秒抢"的情形，往往需要花时间排几轮才能抢到体验的机会。家长表示，带孩子参加职业体验可不是"逛一遍"那么简单，而是真正跟孩子一块"做一次"，拿得出劳动成果，还有助于增进亲子关系。

《羊城晚报》先后发表多篇文章：《劳育赋能职业教育，让工匠精神内化于心外化于形》《结合德智体美，促成劳动向劳动教育的转变》《感知职业背后深藏的文化》等；金羊网数字报、羊城派报道、头条号报道等推送多则报道；羊城教育、视频号快剪报道；等等。按计划录制18门劳动课程，每一集都有相应的学习链接，沉浸式授课形式的"走进职教课堂"，共推出18期线上内容，可供中小学生回看。据悉，羊城晚报全媒体平台的阅读量累计超10万。

可见，新时代引导学生学知识、精技能，培养工匠精神，离不开劳动打磨；培育学生一专多能，全面发展，养成终身学习的习惯，还得靠劳动教育来浸润；发挥师资和设备的专业优势，辐射周边中小学，承担职业教育的社会功能，才是中小学劳动教育基地学校的意义所在。

参考文献

［1］　北京出版社大中专教材网.马克思主义劳动观有三个基本观点[EB/OL].（2023-07-23），http://www.textbookcenter.cn/detail/9595.html.

［2］　汪永智.广东省教育厅设立在职业院校的"广东省中小学劳动教育基础"很有特色［EB/OL].汪永智德育工作坊，2023-05-01.

［3］　崔文灿.劳育赋能职业教育，让工匠精神内化于心外化于形[N].羊城晚报，2022-06-28.

技能筑梦跨越山海，劳动蕴美创造未来

——卓"粤""黔"行劳动教育实践浅探
（以广州旅商2103班、荔波职校22旅游班为例）

杜松燕[2]　管宛嫦[1]　麦毅菁[1]

（1. 广州市旅游商务职业学校，广东广州　2. 荔波县中等职业学校，贵州黔南州）

摘　要　进入职教新时代，跟随国家乡村振兴战略和人才先行理念，中职教育落实《关于全面加强新时代大中小学劳动教育的意见》（2019年11月26日中央全面深化改革委员会第十一次审议通过）文件精神，2020年7月7日，教育部印发实施《大中小学劳动教育指导纲要（试行）》，践行职教基石的使命。本文以广州市旅游商务职业学校2103班及荔波县中等职业学校22旅游班为试点，共同探索劳动教育实践，积极开展"树理想、夯基础、提素质、拼技能"系列创新劳动教育活动，体现劳动教育实效，东西协作，卓"粤""黔"行，形成相关成果，促进学生未来就业创业，助力国家乡村振兴建设。

关键词　技能筑梦；劳动蕴美；粤黔劳动教育实践

▬ 基本情况

　　2018年9月10日，习近平总书记在全国教育大会上指出，"教育是民族振兴、社会进步的重要基石"，"要在学生中弘扬劳动精神，教育引导学生崇尚劳动、尊重劳动，懂得劳动最光荣、劳动最崇高、劳动最伟大、劳动最美丽的道理，长大后能够辛勤劳动、诚实劳动、创造性劳动"。2022年8月，广州市旅游商务职业学校管宛嫦老师响应国家号召，受广州市教育局选派，赴贵州省黔南州荔波县中等职业学校开展挂职帮扶工作。

　　精准教育帮扶，已迈进新征程，进入"心"时代。通过资源共享、团队共建，建设东西部协作劳动育人体系，开展系列劳动教育活动，引导学生树立正确的理想，让"技能筑梦跨越山海，劳动蕴美创造未来"的理念根植于心，点燃梦想，鼓励学生坚定信念，奔赴星辰大海。

　　本文以广州市旅游商务职业学校白天鹅宾馆管理培训生专班2103班及荔波县中等职业学校22旅游班为试点，进行基于中职教育精准帮扶的劳动育人体系的探索与实践，通过丰富多彩的主题活动厚植中国传统文化，提升学生对专业、行业的认知及认可度，强化专业技能，培育正确的劳动观念，进一步提升职业素养，为学生未来的职业发展奠定良好的基础。

▬ 实践情况

（一）团队组建——精准对接，优势互补

　　以旅游类专业班级建设为切入点，聚焦劳动教育创新，深

入推进教育结对帮扶，打造劳动育人师资团队，搭建资源深度共享的平台。

团队成员分别来自不同的专业领域，包括2位经验丰富的高级教师、1位年轻的中级教师，皆为"双师型"教师，均长期承担一线教育教学工作；团队架构实现了跨专业、跨学科的立体化、多元化融合。团队成员定期进行线上、线下的交流，相互促进，各展所长，致力校园班级文化建设；以开展多样化的劳动教育活动为契机，探索破解劳动教育难题的途径，引导学生形成正确的人生观、价值观、职业观，从多元化的视角深入解读职校人的精神面貌和专业内涵，为促进学生将来的就业与创业打通成长通道，持续推动穗黔劳动教育协作向纵深发展，提高对口帮扶的针对性、有效性、职业性，实现中职教育东西协作的社会价值。

（二）德技并修——技能立足，劳动美育

1. 树理想——厚植文化，树立正确劳动观念

（1）"双节"联动，体悟劳动美

2022年9月8日，恰逢中秋、教师节，双节同至，广州市旅游商务职业学校与黔南州荔波县中等职业学校共同成功举办了"双节师恩教泽长，穗黔桃李满庭芳"主题云端联谊活动。广州旅商白天鹅宾馆管理培训生专班2103班及荔波职校22旅游班、22美发班师生作为两校代表参加了本次交流活动，穗黔两地师生欢聚云端，线上互动。在老师指导下，学生们组建了茶艺展示、茶事服务、茶点制作、后勤保障、摄影宣传等工作小组，从台前到幕后，粤黔两地的同学们分工协作，齐心协力策

划实施了一场精彩纷呈的主题活动。这是一次信息化技术支持下的线上线下双结合的活动实践，根植尊师重教的优秀传承以及中秋佳节的传统文化；同时，通过专业学习交流、才艺技能展示，提升了学生的专业技能、服务意识，培养了团结协作的精神，在活动筹办与实施过程中，收获劳动果实，体验与感悟劳动之美。

（2）阅读活动，渗透劳动观

自2022年10月开始，管宛嫦、杜松燕老师组织荔波职校22旅游班学生开展系列阅读活动，通过微信群建立阅读接龙打卡制度，根据学生认知水平，选取合适的文章引导学生进行阅读，以"美文阅读""美文摘抄"等形式，有意识地引导学生从文化传承的角度，正确理解人生的意义、劳动的价值。

自2023年3月开始，平均每月开展一次阅读活动，引导学生在分享交流中汲取经验，掌握更多思考与解决问题的方法，提高劳动能力。3月15日，组织了"以书润心，与智同行"书香茶会；4月23日，开展"'啡'读不可，'啡'向未来"分享活动；6月16日，邀请全国语文名师余卫兵老师举办"腹有诗书气自华，粗缯大布裹生涯"专题讲座；6月21日，组织"诗意情长，万山千山'粽'是情"读书分享会。每次活动，均结合专业，渗透服务意识、自主意识，引导学生认识劳动的意义，不断提高学生协作劳动的能力。

（3）社团、服务周与跟岗实习，丰富劳动体验

广州旅商及荔波职校均设立社团课，实施班级轮值服务周制度。通过社团课丰富学生的课余文化生活，发展个性特长，引导学生在追逐梦想、放飞青春的道路上勇敢前行，体验劳动

的喜悦；通过服务周制度，为学生创造多元化的体验空间，通过门岗、巡检、办公室小秘书、师生用餐服务、接待服务等劳动项目，在服务礼仪、服务技巧、卫生习惯、沟通协作等方面获得精细化和规范化的沉浸式学习体验，树立正确劳动观念；通过参加白天鹅宾馆等合作企业的跟岗实习，在实践中应用所习得的专业技能，了解酒店业前沿动态，深入了解企业文化，使劳动教育更具有深度和广度。

2. 夯基础——刻苦训练，培育积极劳动精神

课堂是学习的主要阵地，也是劳动实践的空间。每一个学习任务，都引导着学生学会劳动、尊重劳动。

茶艺课堂上，初识茶叶、布具、温具、赏茶、投茶、润茶、出汤、分汤、品鉴——在老师的指导下，同学们认真地练习每一个步骤，相互学习、讨论，研究冲泡技法。通过观茶色、品茶香，在茶叶遇水舒展到茗香绽放的过程中，感悟人生道路上的蜕变、成长；通过不断地探索、钻研冲泡技巧，让浮躁的心渐渐沉静、专注，使茶文化的精神内化于心，外化于行，乐观面对学习和生活中的困难。

酒店服务与管理专业课堂上，包括餐饮服务（桌布的铺设、中西式餐具与酒具的摆放、餐巾花的折叠等）、客房服务（铺床单、被子，套枕套，开夜床等）等课程，每一个实训项目皆有严格的评价标准，有的项目技术指标甚至精细到以厘米来衡量（比如刀、叉、筷子的摆放间距等）。唯有经过无数次反复的练习、总结、改进，才能做到胸有成竹、一气呵成。

知不足而奋进，望远山而力行。日复一日的刻苦训练，引导学生夯实基础、精益求精，在不完美中追寻完美，在潜移默

化中培育了积极的劳动精神。

3. 提素质——研学实践，养成良好劳动习惯

"一分耕耘一分收获"，努力是大自然对辛勤劳动者的最高嘉奖。学校鼓励学生们从课内走向课外，走进都匀的茶园，走进荔波的茶企，走进梅桃毛尖茶文化基地，学习茶叶制作技艺，收获自己亲手制作的劳动成果，在挥洒汗水间深刻体悟到"劳动最光荣、劳动最美丽"。

研学过程中，在专业老师手把手指导下，同学们亲自采茶——大家弯着腰，认真观察，从不敢下手到小心翼翼地采摘，将采下的茶芽装进茶篓中。经过不断地练习，同学们渐渐地由"生手"变成"熟手"，看着篓中满满的茶芽，成就感油然而生。

随后，在经验丰富的制茶师傅的指导下，完成杀青、揉捻、干燥等绿茶加工工序，将采摘的鲜叶制成"梅桃毛尖"。手捧辛苦制作的茶叶，制茶导致的腰酸胳膊疼在茶香中烟消云散。接着，在老师指导下，进行茶叶品质鉴定，比拼茶叶加工技术。在专心致志地看干茶、开汤、观色、闻香、尝滋味、察叶底的过程中，同学们品尝到了劳动的成果，分享了劳动的收获。

俗话说，"纸上得来终觉浅，绝知此事要躬行"。平时泡茶、喝茶，看似十分简单；只有亲自实践采茶、炒茶的全过程，才知道这沁人的茶香来之不易，才能学会从甘洌醇厚的茶之味中体验劳动之辛苦与甘甜，进一步加深对劳动价值的认识，珍惜劳动的成果，养成良好的劳动习惯，提升职业素养。

4. 拼技能——以赛促学，培养优秀劳动品质

中职教育旨在培养复合型的中等职业技术型人才。省市

级、国家级的专业技能竞赛能促进学生在竞争中学习，在交流中提升，为学生的职业成长提供了广阔的空间与平台，并且在备赛、参赛的过程中获得全面的发展，进一步树立"劳动创造幸福"的价值观念，培养不怕苦、不怕累，勇于担当的优秀劳动品质。

2023年2月，"2022黔南州职业院校师生技能大赛"手工制茶赛项在黔南职院举行。赛事要求选手掌握扎实的茶叶加工、茶叶感官审评方面的知识与技能，还要有强健的身体、良好的心理素质。然而，我们的选手此前从未接触过相关的内容，完全是零基础。在学校的关心与支持下，管宛嫦、王琴老师不畏挑战，迎难而上，共同指导竞赛选手认真备赛。针对学生的具体情况，制订了强身体、夯理论、提技能的训练计划，开展沉浸式全天候训练，从晨跑到夜训，在有限的时间里争取提升选手的理论、实操水平，鼓励学生以积极的心态面对困难和挑战。在备赛过程中，选手们学会了团队协作、主动沟通、自我管理，理论和专业技能不断进步，无惧强手如林，勇创佳绩。

2023年3月1日，竞赛训练队选手与广州市旅游商务职业学校2103班共同举行了线上总结会，进行技能竞赛方面的交流，进一步培养学生的职业意识，进一步激发提升专业技能、用劳动创造未来的美好愿景。

2023年4月，"2023年贵州省职业院校师生技能大赛暨全国职业院校技能大赛选拔赛"茶艺竞赛定在湄潭职校举办，这是贵州省第一次举办中职组的茶艺赛事。3月9日，收到竞赛通知后，杜松燕、管宛嫦老师立即组建竞赛师生团队，披星戴月，刻苦训练。赛事为个人全能赛，分为三大模块，要求选手不仅掌握扎实的高级茶艺师理论知识，还要熟练掌握茶叶品质鉴定、规定茶艺展示、茶叶辨识、茶汤质量比拼以及自创茶艺的编创、茶席设计、冲泡展示等技能。对此，我们的学生完全零基础，每一项都是薄弱环节，一切都从零开始。但备赛时间仅有一个多月，如何在短时间内，使选手习得七大模块的知识技能并能够迅速地提升？针对学生的具体情况，师生团队制订了"技能速提，极限挑战"训练计划，每一个清晨到深夜，都在与时间赛跑。经过高强度的艰苦训练，选手把每一个动作训练上百遍，抗压能力、理论与技能水平在短时间内获得了全面提升。

2023年3月28—29日，广州旅商选派专业教师组成竞赛指导组，对荔波职校酒店服务等省赛技能项目进行指导。两校以贵州省委、省政府明确将荔波打造成为世界级旅游目的地、贵南高铁开通为契机，"优势互补、资源共享、互惠互利、共同发展"，同心"黔"行"粤"来越好，推进荔波旅游产业高质量人才培养跨越式发展。

2023年5月，"云驴通杯"第十三届全国旅游院校服务技能（饭店服务）大赛在青岛举行。自2022年3月开始，麦毅菁老师组建导师团队，指导中餐、西餐、客房、酒水服务四大赛项的选手开展理论与技能实操、中英文双语口试等模块的全方位训练。集训期间遭遇疫情，线下实训暂停、师生全"阳"等种种困难接踵而来。师生团队转变思路，充分利用网络信息技术，共同探索、开发线上实训新技术，深入研究线上视频指导、考核、评价的方式方法，积极引导学生从容面对挑战，做到停课不停训。

技能竞赛有效调动了学生的积极性与参与性。粤黔两校的老师们在日常教学中结合课程内容，采取技能过关考核、阶段性考核等方式，鼓励学生参加个人竞赛、小组竞赛，逐渐提升强度、强化细节，激发学生的潜能，培育"美好未来，劳动创造"的价值观，培养乐观、自信的人生态度，增强责任感，有利于学生优秀劳动品质的养成，为今后立足社会奠定了良好的基础。

三 实践效果

（一）培育助教团，服务社会，效益显著

2022年9月，管宛嫦、杜松燕老师组建荔波职校茶艺助教团并开展系列培训。22旅游班龙云枝、蒙邦参、吴龙倩、罗文哲、潘应国等同学逐渐成长为团队骨干，多次协助老师承担社会培训工作，如黔南州2022年度重点行业重点企业职业技能培训东西部协作项目（乡村旅游培训工作）、"广东技工"与黔南文旅融合乡村旅游行业（茶艺师）培训课程、主题茶会"悦茶时光——红茶专场"、荔波县朝阳幼儿园教师茶事服务接待培训、职业教育活动周习茶研学活动等。助教们协助做好培训前的准备工作，指导学员实操训练，完成培训收尾工作，有效提升教学效果。2023年6月9日，贵州省副省长郭锡文到荔波县蹲点调研，助教龙云枝、吴龙倩、欧阳霁雯、莫国莎、莫春菲在茶事接待服务中表现出色，获得领导高度赞扬。从社会需求层面实施劳动教育，促进学生职业成长，实现学生个人价值与劳动价值，体现了中职教育社会价值。

（二）竞赛创佳绩，奋楫争先，硕果盈枝

1. 梅花香自苦寒来，实现两个"零突破"

习茶过程中，龙云枝、吴龙倩同学成为冉冉上升的明星。从不懂茶、不爱茶的"茶小白"，到识茶、知茶、教茶的助教团骨干，两位同学在老师的指导下，不断琢磨，在行坐起立、一颦一笑之间将茶礼、茶技融入身心，关关难过关关过，终于学有所成。吴龙倩同学荣获"2022黔南州职业院校师生技能大赛"手工制茶赛项扁形绿茶组第一名，实现了第一个零的突破。龙云枝同学荣获"2023年贵州省职业院校师生技能大赛暨全国职业院校技能大赛选拔赛"茶艺赛项二等奖，实现第二个零的突破。

习茶路上有苦有甜，师生间相互促进，互相理解。竞赛的结束，是新征程的开启。龙云枝同学成长为茶文化社团技能训练队的指导老师，受邀担任荔波县中等职业学校第11届学生技能大赛茶艺与服务赛项评委；吴龙倩同学继续参加茶艺训练的同时学习咖啡制作，这两位同学将兴趣变成了未来发展的方向，不断突破自我成长的边界，用双手开创属于自己的未来。

2. 宝剑锋自磨砺出，国赛绽放光芒

广州旅商酒店服务技能训练队的选手历经重重锤炼，在高手如林的国赛舞台上大展身手，调酒、中餐赛项荣获2个二等奖，西餐、客房荣获2个三等奖，实现所有赛项参赛选手均凯旋的零突破。

劳动教育是学生德智体美劳全面发展的主要内容之一，是中国特色社会主义教育制度的重要内容。粤黔两地教师团队共

同探索劳动教育实践，开展系列符合中职生学习与发展的特点的劳动教育创新活动，将弘扬优秀传统文化、专业学习、研学实践、技能竞赛、社会服务实践与劳动教育相结合，为学生创造劳动技能锻炼与提升的机会，激发学生的劳动主观能动性；拓展劳动实践的广度与深度，培育正确的劳动观念引导学生在实践中养成良好的劳动习惯与品质，从多角度、多视域探索中职劳动教育难题的解决办法，让劳动之花在学生心中绽放，激发学生对未来美好生活的向往，让"技能筑梦跨越山海，劳动蕴美创造未来"的梦想照进现实。

劳动教育有效融入课程思政的实践探索

——以"网店运营"课程为例

广州市城市建设职业学校　黄军梅　潘穗梅　黄常运

摘　要　在中职"网店运营"专业课程思政建设中，探索如何以"劳"育人，如何以"劳"立德，研究劳动教育的有效融入，构建劳动教育有效融入课程思政153模型：一个思政主线，五个劳动教育关键环节，三个素养评价指标。新时代的中职专业课程思政建设与劳动教育相融合，把劳动教育有机渗透到学科专业中，具有丰富的实践意义，可以拓展劳动教育范围，建立劳动教育课程体系，创新劳动教育融入专业课程育人模式。

关键词　劳动教育；课程思政；网店运营

课程思政指以立德树人为根本，通过聚焦专业课程中的显性和隐性育人本质，发挥课程价值引领作用，以构建全员、全程、全课程育人格局的形式将各类课程与思想政治理论课同向同行，形成协同效应的一种综合教育理念。[1]

教育部印发的《大中小学劳动教育指导纲要（试行）》明确提出，职业院校劳动教育以习近平新时代中国特色社会主义思想为指导，以立德树人为根本任务，培育和践行社会主义核

心价值观，结合专业特点和学生生活实际，提高职业劳动技能水平，增强职业荣誉感和责任感，培育积极向上的劳动精神和认真负责的劳动态度。[2]

一　劳动教育有效融入课程思政的必要性

新时代的中职专业课程思政建设与劳动教育相融合，把劳动教育有机渗透到学科专业中，推进"五育"的融合实施，有助于培养德智体美劳全面发展的社会主义建设者和接班人。广东省电商交易近年来保持高速增长，网络零售交易总额接近社会零售总额的一半，产业的快速发展带来大量高素质电商技能劳动人才的缺口。中职电子商务课程主要侧重于专业知识的传授和学生技能的培养，未能重视学生思想和价值观的培育，没有深入开展劳动教育。因此，电子商务专业教师有必要进行课程改革，发挥课堂教育的主战场作用[3]。电商专业课程融入劳动教育具有紧迫性，既顺应时代的需求，也符合行业能力岗位的要求。[4]

"网店运营"电子商务专业的核心课程，可以让学生习得电子商务专业劳动岗位——客户服务、运营推广、网络营销等必备的岗位劳动能力，获得从事本专业高素质劳动者和劳动技能人才所必需的运营方面的基本劳动知识、职业劳动能力及职业素养。在中职"网店运营"专业课程思政建设中，将网店运营相关的"知识能力""思维能力""实践能力""素养能力"等融于一体，让学生在劳动实践中全面发展。探索如何以"劳"育人，如何以"劳"立德，研究劳动教育的有效融入，具有丰富的实践意义，可以拓展劳动教育范围，建立劳动教育课程体系，创新劳动教育融入专业课程育人模式。劳动教育和课程思政的有效融合实际上就是在实现职业教育内涵式发展和落实立德树人根本任务。

二　劳动教育有效融入课程思政的可行性

劳动教育是培养学生劳动精神和实践能力的重要学科，而课程思政则是全面贯彻落实立德树人根本任务的重要途径。将劳动教育有效融入课程思政中，既能够强化学生的道德教育和实践能力，也能够实现教学内容的立体化和多元化，可行性非常高。

（一）劳动教育能够推动课程思政建设

劳动教育和课程思政有着天然的联系。劳动教育具有修德、增智、强身、育美的综合育人价值[5]，专业教学课程思政建设与劳动教育相一致，劳动教育课程思政属性十分明确。劳动教育融入课程思政可以带来很多教育效益。在教学模式上，采用主题教育、体验式教育等方式，让学生在实际操作中领会知识，感悟道理。在课程设置上，可以根据学生的兴趣、特长和未来的职业方向，选择与劳动相关的内容和技能进行教授。在考核评价上，不仅注重学生的学业表现，也要重视学生的实践成果和社会服务经验。这样有利于提高学生的学习积极性和自主性，增强学生的思想品质和综合素质。

在"网店运营"课程思政建设中，将劳动教育的培养要

求、关键环节和劳动素养有效融入到课程培养目标、课程教学和课程评价中，确定"网店运营"课程"弘扬劳动精神，根植新时代电商职业价值观"的思政主线。在"项目一 网店开设"教学中，通过让学生开通网店，让学生明白劳动是人们实现自我价值的重要途径，可通过工作与创造的劳动实践，不仅能够给自己带来生活和经济上的收益，更能够增强自身能力，提升社会地位。通过鼓励学生开展农村老家的特色农产品的选品，让学生理解经世济民的劳动精神，认识到自己的劳动不仅仅是自我实现，也是完成社会价值的重要组成部分，深入理解劳动价值的本质，帮助中职生树立社会主义劳动观念。通过开店创业，让学生体会到创业本身就是一种劳动实践，通过对劳动进行创新和创造，创业者可以实现自我价值和社会价值的双重获得。劳动教育可以培养学生的劳动态度和习惯，锻炼学生的动手能力和实践能力，增强学生的自身责任感和社会责任感。将劳动教育融入课程思政中，有助于课程思政建设的开展。

（二）课程思政能够推进劳动教育

课程思政是近年来大力推行的一项教育改革措施，其核心目标在于培养学生正确的人生观、价值观和人文精神。其中一个重要的内容就是劳动教育。课程思政有利于中职生劳动价值观形成，能够筑牢中职劳动教育价值基础，决定中职劳动教育价值取向，确定中职劳动教育价值目标。课程思政在专业课建设中，坚持贯彻立德树人理念，以专业实践性为切入口，以劳动教育为载体，在专业课程中隐性培养中职生劳动精神和劳动意识，将劳动实践在专业课中有效融合德智体美四育，真正培养全面发展的新时代劳动者。课程思政能够推进劳动教育，是一个全面培养学生的过程。学校需要通过多渠道、多形式实施劳动教育，让学生在理论上和实践中深刻认识到劳动的意义，培养良好的人生观和价值观。

在"网店运营"课程思政建设中，结合专业特点、学生生活实际和社会劳动生产，将劳动教育纳入其中，安排一定的社会实践活动，帮助学生了解劳动的重要性，培养劳动意识。例如可以设置"电商助农推广，服务乡村振兴"的系列公益服务性劳动，鼓励学生运用网店运营专业技能为社会和他人提供公益服务，有助于社会公德的培育，厚植家国情怀；也可以设置电商企业热销产品运营推广的劳动实践项目，提升中职生的创意物化能力，帮助学生树立正确的价值观。在劳动过程中，学生可以深刻认识到"劳动最光荣，技能最美丽"的真谛，感受到辛勤劳动的不易，更加珍惜自己的学习机会和幸福生活。

三　劳动教育有效融入课程思政的策略

在专业课程思政建设融入劳动教育，要明确劳动教育的培养要求，把握劳动教育的关键环节，把劳动素养纳入课程综合评价指标。在"网店运营"课程建设中，基于行动导向的教学理念，以国家教学标准、人才培养方案、行业岗位标准和"X"证书网店运营推广（初级）考核要求为依据构建劳动教育有效融入课程思政153模型：一个思政主线，五个劳动教育关键环节，三个素养评价指标，如图1所示。

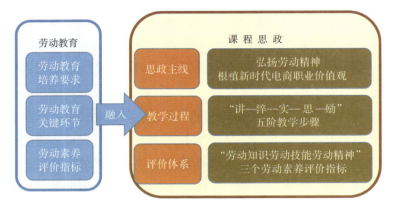

图1　劳动教育有效融入课程思政153模型

（一）课程思政建设要明确劳动教育的培养要求

　　课程思政建设在培养学生社会责任感、家国情怀、创新意识等方面有着重要的作用。其中，劳动教育是不可或缺的一部分，它能够培养学生勤劳习惯、责任意识、实践能力等多方面的素质。课程思政建设要明确劳动教育的培养要求，使学生能够从中不断提升自己的素质。首先，需要强调劳动教育的重要性，让学生体会到客服、运营、推广等岗位的重要性，明确每个岗位的劳动都是有价值的，每个岗位的劳动者都值得被尊重的，让学生认识到劳动对于实现个人价值和社会进步的意义，树立正确的劳动观。因此，把"网店运营"课程融入劳动教育的思政主线确定为"弘扬劳动精神，根植新时代电商职业价值观"。其次，需要加强技能培养，让学生能够掌握实际操作技能，提高实际操作能力；让学生习得客户服务、网店装修、运营推广、网络营销等劳动知识和能力，如在"项目五　网店客户服务"的学习，学生能够熟悉网店客服规范、客服绩效指标、交易纠纷处理流程的劳动知识，还能够掌握商品推荐，和进行客户的关怀和挽留的劳动能力。再次，需要注重学生的动手实践能力和团队协作能力培养，如让学生分小组进行网店运营，每个学生都安排明确的岗位任务，让每个人都能够积极参与，感受到团队合作的重要性。最后，培育积极的劳动精神，继承中华民族诚实守信、敬业奉献、吃苦耐劳的优良传统；能够培养顾客至上的劳动服务意识，形成良好的劳动品质。

（二）课程思政建设要把握劳动教育的关键环节

劳动教育融入课程思政要把握劳动教育的关键环节，课程教学过程设计为"讲—淬—实—思—励"五阶教学步骤。

1. 讲解说明。"网店运营"课程的知识讲解与启发性思维、示范、实践等相结合，重点突出，使学生理解客服、运营、推广等岗位劳动的意义，正面引导电商行业的劳动纪律和电商相关法律法规，培养正确的劳动观念。通过劳动知识和技能的讲解说明，能掌握网店运营岗位劳动的实际操作的原理、程序和规则，掌握正确使用工具的方法和技能，如各类主流电商平台使用。

2. 淬炼操作。"网店运营"课程教学围绕如何进行网店运营岗位劳动的问题，特别是"项目二　网店装修"，要重视网店店标、banner和详情页设计的示范与练习，让学生会设计，能修图。强化规范意识，注重从最基本的网店开设学起，学习网店基础操作，严守电商平台管理规则和电商法律法规，做到遵纪守法。强化质量意识，特别是进行网店店标、banner和详情页设计，注重引导学生精益求精，关注细节。重视对操作行为的评估与监控，进行"项目六　运营数据分析"，要定时复盘。

3. 实践项目。以具身实践为抓手，实现劳动操作与价值观践行相融合，促进思政目标外化于行[6]。"网店运营"是校企共建课程，课程设计基于行动导向的教学理念，遵循"行业与岗位调研—工作任务分析—岗位能力分析—专业课程开发—课程内容描述"的基本流程进行课程设计。从现实生活和社会生产中发现需求，选择和确定劳动实践项目，鼓励学生开展农村老家的特色农产品的选品，设置"电商助农推广，服务乡村振兴"和真实全面的网店实践项目，让学生体验完整的劳动过程。围绕"弘扬劳动精神，根植新时代电商职业价值观"的劳动教育融入的课程思政主线，加强体能锻炼，磨炼意志力，敢于在困难和挑战中完成行动任务，将爱岗敬业、诚信守法、求真务实、精益求精的劳动精神有机融入专业教学，培养高素质网店运营技能劳动人才。

4. 反思交流。以反思交流为手段实施思政融入，开展主题研讨活动，实现劳动思悟与价值观认同相融合。"网店运营"课程教学的每个实践项目，都会设计反思交流的环节。设计主旨在于指导学生围绕劳动价值意义的建构进行交流和总结，促进形成反思性交流习惯，把反思交流和改进相结合，让学生在劳动中成长。在反思交流过程中，鼓励学生分享实践经验和体会，引导学生形成正确的劳动观念。

5. 榜样激励。以榜样为载体承载思政元素，发挥榜样示范性力量，实现劳动教育与价值观教育相融合。"网店运营"课程要围绕"弘扬劳动精神，根植新时代电商职业价值观"劳动教育融入的课程思政主线，树立劳动榜样，激发劳动热情。劳动榜样要注意选择和建立多类型的典型模型，不仅包括大国工匠和行业劳模，还包括身边优秀的普通劳动者，培养学生爱岗敬业、诚信守法、求真务实、精益求精的劳动品质。

（三）课程思政建设要纳入劳动素养评价指标

"网店运营"课程思政建设，要围绕以"劳"育人，以"劳"立德的方式，以劳动教育目标及内容要求为依据，纳入劳动素养评价指标，重构课程综合素质评价指标体系，把学生的综合素质，分解为劳动知识、劳动技能和劳动精神等三个劳动素养评价指标。"网店运营"课程的综合素质评价指标体系如表1所示。

表1 "网店运营"课程的综合素质评价指标体系表

实践项目	劳动素养		
	劳动知识	劳动技能	劳动精神
项目一 网店开设	主流电商平台的优势及特点	开通网店，并完成选品和定价	遵纪守法、经世济民
项目二 网店装修	网店首页框架布局	进行网店店标、banner和详情页设计，完成网店装修	精益求精、积极创新
项目三 网店日常管理	主流平台商品发布的流程	独立完成商品上传与维护、设置营销活动及订单管理	爱岗敬业、守法经营
项目四 网店推广管理	网店常用的推广策略	根据推广需求制订、实施平台活动参与策略并分析平台活动效果及店铺营销效果	勇于开拓、积极创新
项目五 网店客户服务	网店客服规范和客服绩效指标	完成商品推荐，明晰交易纠纷处理流程，并能进行客户的关怀和挽留	诚信为本、热情服务

（续表）

实践项目	劳动素养		
	劳动知识	劳动技能	劳动精神
项目六 运营数据分析	网店数据分析工具和速卖通、亚马逊、淘宝等平台的评价体系	获取网店基本流量分析指标	求真务实、科学思维
项目七 网店物流与配送	编写商品货号的方法	完成商品打包、出入库和发货等工作	保守秘密、注重安全

四 结束语

新时代的中职专业课程思政建设与劳动教育相融合，把劳动教育有机渗透到学科专业中，构建劳动教育有效融入课程思政153模型。在中职"网店运营"专业课程思政建设中融入劳动教育，探索如何以"劳"育人，如何以"劳"立德，具有丰富的实践意义，可以拓展劳动教育范围，建立劳动教育课程体系，创新劳动教育融入专业课程育人模式。

参考文献

[1] 刘升忠.课程思政视阈下高职院校劳动教育融入专业课程的实施策略[J].南方职业教育学刊，2021，11（06）：55-63.

[2] 中华人民共和国教育部.大中小学劳动教育指导纲要（试行）[EB/OL].（2020-07-15）[2022-06-23].http://www.moe.gov.cn/srcsite/A26/jcj_kcjcgh/202007/t20200715_472808.html.

[3] 刘升忠.课程思政视阈下高职院校劳动教育融入专业课程的实施策略[J].南方职业教育学刊，2021，11（06）：55-63.

[4] 马融.课程思政视阈下劳动教育融入高职环艺专业课程的探

究——以《装饰材料与构造》课程为例[J].中国多媒体与网络教学学报（中旬刊），2022（08）：82-85.

[5] 中华人民共和国国务院.中共中央　国务院关于全面加强新时代大中小学劳动教育的意见[EB/OL].（2020-03-20）[2022-06-21]. http://www.gov.cn/zhengce/2020-03/26/content_5495977.htm.

[6] 包佳佳.课程思政视域下高职劳动教育的探索与实践[J].金华职业技术学院学报，2022，22（06）：23-28.

基于志愿服务的中职学校隐性劳动教育创新探究

——以广州市信息技术职业学校志愿服务劳动为例

广州市信息技术职业学校　陈倩怡　许桂骏

摘　要　志愿服务是在人类劳动发展过程中产生的特殊劳动形态，契合劳动的工具属性和价值追求，具有重要的劳动价值观教育意义。广州市信息技术职业学校创新打造"五化一体"志愿服务模式，探索"以学生为中心"的志愿服务劳动实践教育教学新方式，依托特色志愿服务劳动活动，潜移默化塑造中职学生正确的劳动价值观，为中职学生在步入更高级学府和走上社会后能够勤奋劳动、诚实劳动、创造性劳动。

关键词　志愿服务；劳动教育

　　习近平总书记强调："要在学生中弘扬劳动精神，教育引导学生崇尚劳动、尊重劳动，懂得劳动最光荣、劳动最崇高、劳动最伟大、劳动最美丽的道理，长大后能够辛勤劳动、诚实劳动、创造性劳动。"[1]劳动教育是发挥劳动的育人功能，对学生进行热爱劳动、热爱劳动人民的教育活动。教育部印发的《大中小学劳动教育指导纲要（试行）》明确"在公益劳动、志愿服务中强化社会责任感"作为劳动教育的一项主要内容。新时代志愿服务是中国特色社会主义劳动教育的重要内容，新时代志愿服务劳动对中职学校学生成长尤为重要。[2]

广州市信息技术职业学校依托团委志愿者部、青年志愿者协会等组织切实践行"奉献、友爱、互助、进步"的志愿服务精神，强化中职学生"第二课堂"，组织校内学生深入开展文明实践、关爱老年人、关爱青少年、文明风尚、关爱自然等多元化志愿服务劳动活动，深化劳动教育内涵，推进新时代文明实践走深走实。

一　志愿服务的隐性劳动教育属性

习近平总书记指出，要重视和加强第二课堂建设，重视实践育人，坚持教育同生产劳动和社会实践相结合，广泛开展各类社会实践，让学生在亲身参与中认识国情、了解社会，受教育、长才干。[3]加强中职学校劳动教育工作，除强化传授与学生就业和职业发展息息相关的劳动科学知识的显性劳动教育外，更应该深化隐性劳动教育，深入开掘专业教育、思想政治教育和各类第二课堂活动中的"劳"育资源，系统建构"以学生为中心"的志愿服务劳动实践教育教学新方式。

志愿服务蕴含着丰富的劳动教育价值和劳动教育内涵，两者都承载着重要的教育功能，在价值取向、发展方向、实践要求上具有内在统一性和高度契合性。[4]同时，志愿服务作为中职学生第二课堂教育手段，蕴含新时代文明实践、爱国卫生运动、尊老爱幼等劳动教育内涵。通过组织学生参与志愿服务，

潜移默化地将劳动观念和劳动精神教育贯穿人才培养全过程，贯穿家庭、学校、社会各方面，教育、引导学生自觉践行社会主义核心价值观，将社会主义核心价值观内化于心、外化于行。

特色志愿活动提升劳动教育的感染力

志愿服务是一种自愿参与社会公益活动的行为，是一种积极的社会参与形式，在社会发展中扮演着重要角色，其包括自愿性、无偿性、多样性、互惠性、可持续性等特点。广州市信息技术职业学校在遵循学生成长规律、把握学生个性特点的基础上，持续打造富含趣味性、效用性、情境性等特点的志愿服务活动。

近年来，学校组织学生志愿者参与街道、社会组织开展的"创梦空间"青少年绘画小组、慧灵残障人士出游、"智能至叻星"智能手机学习活动、"情暖重阳　关爱长者"探访活动、世界超高清视频（4k/8k）产业发展大会、珠江碧道公共文明引导等志愿活动共计百余场。自行开展"低碳生活　云道绿行"垃圾清理活动、"趣味伴童真　浓浓敬老情"志愿服务活动、"共建生态文明　共享绿色未来"新时代文明实践活动、亲子益智暨垃圾分类宣传活动、"用青春行个敬老礼"教老人用手机志愿服务活动、"追求绿色时尚　拥抱绿色生活"植树节主题活动、"致敬最美环卫人"写信活动、"多元梦想×橙汁书袋"活动、"指尖妙趣　开启造艺之旅"手工系列志愿服务活动、"英雄花开英雄城"志愿活动、"弘扬雷锋精神　践行青春力量"雷锋月主题志愿活动暨环卫工人慰问活动等百余场志愿服务活动。

青年学生在志愿服务活动中得以涵养家国情怀，培养了劳动精神，强化了综合劳动实践能力，并在参与社会治理中树立对人民的感情、对社会的责任、对国家的忠诚。广州市信息技术职业学校创新打造"五化一体"志愿服务模式，探索"以学生为中心"的志愿服务劳动实践教育教学新方式，依托特色志愿服务劳动活动，潜移默化塑造中职学生正确的劳动价值观，为中职学生在步入更高级学府和走上社会后能够勤奋劳动、诚实劳动、创造性劳动。

（一）打造"五化一体"志愿服务模式

1. 志愿服务阵地化

形成"公益服务组织—学校"合作模式，与街道社工服务站、长者综合服务中心、志愿服务团体等公益服务组织，雕塑公园、麓湖公园、越秀公园等爱国主义教育基地形成固定合作模式，长期合作组织达10家，切实将青年学生的志愿热情带动到周边。青年学生在志愿服务的劳动实践中更好体悟劳动的意义与价值，将志愿服务融入新时代中职学生劳动教育的实践探索，培养青年学生艰苦奋斗、实干创新、敬业奉献的劳动精神，共创尊重劳动、热爱劳动的时代新风。

2. 志愿活动常态化

联系各志愿服务公益组织，结合重大节日、特殊节日等，常态化开展各类志愿服务活动，深化志愿服务内涵。学校志愿服务组织截至目前已开展活动300余场，服务总时长超40000小时。"绿水青山就是金山银山"垃圾分类志愿服务活动，当前已连续7年共开展十九场系列志愿服务活动，通过校社共建的方式把绿色环保精神带进到社区、学校之中，普及垃圾分类的知识，传播保护环境的理念。通过游戏参与的形式，引导居民从身边做起、从点滴做起，自觉、科学地开展生活垃圾分类，逐步形成垃圾分类及环保意识，养成珍惜资源、节约能源的生活习惯。

3. 志愿意识深层化

通过组织开展志愿服务活动，学生青年群体积极参与到各类志愿服务活动当中，壮大志愿服务队伍。志愿者在其中享受过程，传递爱心，传播文明。学校开展的志愿服务活动，参与的学生志愿者已达5000人次，未来将不断壮大学生志愿服务队伍，面向全校招募更多具有服务意识的学生志愿者加入志愿服务中，引导青年学生在参与志愿活动的过程中丰富社会实践内涵，渗透崇尚劳动、尊重劳动、热爱劳动的思想。

4. 志愿温度延续化

通过开展文明实践、关爱老年人、关爱青少年、文明风尚、关爱自然等多元化志愿服务活动，弘扬"奉献、友爱、互助、进步"志愿服务精神，帮助青年学生提高自我意识和社会责任感，增强社会归属感，提高中职学生社会实践能力，传递志愿温暖。目前，学校开展志愿服务活动服务人数已达20000人次，未来将持续开展各项志愿服务活动，让志愿服务暖人心，文明城市有温度。

5. 志愿影响广泛化

学校组织开展的志愿服务活动在"广州市信息技术职业学校""广州市信息技术职业学校团学""信职青协"等公众

号进行发布宣传，合计发布相关宣传文章超500篇，阅读量达200000人次。志愿服务活动获得社会组织肯定，青年志愿者协会在2021年广州市越秀区登峰街志愿服务工作中表现优异，贡献突出，被评为"最佳合作伙伴"；"垃圾分类，家园更美"志愿系列活动在2019年广州市越秀区"志愿服务集市"青年专才计划中，被评为"优秀服务项目"；等等。

（二）探索"以学生为中心"的志愿服务劳动实践教育教学新方式

1. "以学生为中心"的组织建设

学校设有团委志愿者部、青年志愿者协会、志愿服务队等志愿组织，平均每周开展至少一次志愿服务活动。在指导老师的指导监督下，有效组织开展和参与各项社会服务活动。

2. "以学生为中心"的课程支持

学校开设综合课堂，提供学生组织开展活动。志愿服务一般开展时间为综合课堂与周末，主要为周三下午（综合课堂时间）、周五下午和周六日，学生志愿者在以上时间能够自由安排个人时间，确保志愿服务活动的顺利开展。

3. "以学生为中心"的服务主体

志愿服务活动的负责和执行群体为学生，从策划、执行、后期均由学生群体完成，强化学生主体责任意识，树立志愿者服务理念，弘扬志愿者精神，创造良好的校园环境和培育丰富的校园文化内涵。

4. "以学生为中心"的人格塑造

以志愿活动劳动实践活动为载体，充分发挥学校学生青

年志愿者力量，积极践行志愿服务精神，培育学生正确的劳动观，弘扬劳动精神，崇尚劳动，尊重劳动，促进学生德智体美劳全面发展。

（三）特色志愿服务劳动活动案例

1. "绿水青山就是金山银山"垃圾分类志愿服务活动

为认真贯彻落实习近平新时代中国特色社会主义思想，推进"绿水青山就是金山银山"的环保理念，培育和践行社会主义核心思想，发扬中华民族勤俭节约的传统美德，让垃圾分类的理念和方法落地落实，广州市信息技术职业学校团委志愿者部和青年志愿者协会经过精密地筹划，开展了校内外共计十九期的项目互动式垃圾分类志愿者活动。服务地点涉及建设街二马路社区、越秀区教育路盐运西正街盐运西社区党群服务站、流花街桂花岗文化广场、东山街五羊南文体广场街等，志愿者人数达450人次，服务人数超5000人次。

通过校社共建的方式把绿色环保精神带进到社区、学校之中，普及垃圾分类的知识，传播保护环境的理念。通过游戏参与的形式，引导居民从身边做起、从点滴做起，自觉、科学地开展生活垃圾分类，逐步形成垃圾分类及环保意识，养成珍惜资源、节约能源的生活习惯。

活动以"垃圾分类大实操""垃圾分类知多少""垃圾分类大富翁"三大互动项目加深参与者对垃圾分类的认识与学习分类垃圾的方法，减少居民对垃圾分类的知识误区，推进可持续发展战略，加强建设绿色家园。活动有效采用"n+n"模式（多名社工+多名志愿者）进行宣传，让垃圾分类的知识在社区得到有效传播并推广，也让我校学生与社会进行接触，锻炼自己的专业能力，增进学生与社会交流、合作，让学生走入社会、服务社会，将所学专业知识付诸实践。

2. 植树节主题志愿服务活动

广州市信息技术职业学校被认定为第二批"广东省绿色校园"，打造"绿色校园活动月"，以绿色校园活动月为契机，学校开展植树节主题志愿服务活动。自2020年起，植树节志愿服务活动形成固化活动，形成"共建生态文明　共享绿色未来"新时代文明实践活动、"低碳生活　云道绿行"垃圾清理活动、"追求绿色时尚　拥抱绿色生活"植树节主题活动、雷锋月主题志愿活动暨环卫工人慰问活动等植树节系列主题活动。学生志愿者到广州市越秀公园、雕塑公园、麓湖公园等地开展垃圾清理、云道绿行、植树等活动。

为积极贯彻落实"绿水青山就是金山银山"的绿色发展理念，倡导"尊重自然、顺应自然、保护自然"的生态文明理念，进一步增强我校广大青年学生的绿色文明意识、生态保护意识和可持续发展意识，在实践中养成良好的生态道德理念，推进爱国卫生运动，做生态文明的践行者和维护者，用实际行动切实保护生态环境。

三　结语

青少年阶段是人生的"拔节孕穗期"，最需要精心引导和栽培。习近平总书记强调，青年兴则国家兴，青年强则国家强。青年一代有理想、有本领、有担当，国家就有前途，民族就有希望。中职学校的校园环境、校园活动等对于青年学生具有潜移默化的劳动价值观塑造作用。志愿服务作为中职学校隐性劳动教育的重要体现部分，有助于积极引导青年学生尊重劳动、体验劳动、热爱劳动，培养良好劳动品质，深化劳动教育内涵，促进学生形成正确的世界观、人生观、价值观，成为德智体美劳全面发展的社会主义接班人。

参考文献

［1］习近平.习近平出席全国教育大会并发表重要讲话[EB/OL].中国政府网，2018-09-10.

［2］李芳，李强.志愿服务是劳动教育的重要内容与主要途径[J].中学政治教学参考，2022（3）：67-69.

［3］裴孟.扎实推进新时代高校社会实践育人[N].新华日报，2022-09-30（22）.

［4］胡启明，洪润文.以志愿服务活动推进劳动教育[N].广西日报，2020-07-02（006）.

中职德育与劳动教育融合的探索和实践研究

广州市旅游商务职业学校　郭伊葭　许瑞理

摘　要　本文基于笔者在中职学校进行的德育与劳动教育融合实践经验，探讨了中职德育与劳动教育融合的重要性和实践策略。首先，笔者认为劳动教育是中职教育的重要组成部分，也是德育的重要载体，德育与劳动教育的融合可以帮助学生培养正确的人生观和价值观，促进学生身心健康发展，提高学生综合素质。其次根据教育实践，总结归纳了劳动和德育融合的实现方式，结合笔者所带班级，提出了整体规划劳动课程的思想并提供了可借鉴的操作主题。在过去一年多的教育实践中，整理了劳动和德育融合存在的问题和解决的思路。中职德育与劳动教育的融合有着多方面的意义，通过实践探索和不断总结经验，可以让学校更好地开展德育与劳动教育工作，更好地为学生的成长和发展服务。

关键词　中职；德育；劳动教育；家庭教育

在素质教育的大背景下，劳动教育日益成为深入贯彻立德树人理念、落实"五育并举"的高效途径。习近平总书记说："各级党委和政府要高度重视技能人才工作，大力弘扬劳模精神、劳动精神、工匠精神，激励更多劳动者特别是青年一代走

技能成才、技能报国之路，培养更多高技能人才和大国工匠，为全面建设社会主义现代化国家提供有力人才保障。"这启示着广大中职学生勤学苦练，学习劳动模范和先进工作者的劳动创造精神。为了提高中职学生的综合素质和就业竞争力，培养学生的劳动精神、工匠精神和劳模精神，德育和劳动教育的融合已成为中职教育的一个重要发展方向。本文将探讨中职德育如何与劳动教育相融合，从而实现培养新时代劳动者育人目标的策略。

一　强化劳动教育的德育功能

劳动教育是中职教育的重要组成部分，也是德育的重要载体。为了使劳动教育发挥更好的德育功能，笔者所在的学校组织研发了劳动教育系列课程，举办各种劳动展示和体验活动，推动劳动教育进课程。实现了劳动教育从临时性体验到常规化开展的转变，所有班主任都是学生劳动课程的任课老师，所有学生和家长都是劳动教育的体验者和受益者。笔者认为，劳动教育的德育功能有如下三点：

1. 以"劳动"达目标。学校明确劳动教育的育人目标，将其融入学校德育的总体目标中。通过劳动教育，培养学生的责任心、自信心和团队合作精神，培养学生爱岗敬业的劳动精神、精益求精的工匠精神和追求卓越的劳模精神等德育素养。

2. 以"劳动"育素质。学校和班级可以组织一些以德育为主题的劳动教育活动，如"劳动最光荣""劳动小妙招""爱岗敬业""寻找劳模"等活动，引导学生了解劳动的意义和价值，培养学生的劳动意识、劳动能力和劳动习惯，培养学生的敬业精神、团队协作能力、责任感等职业道德素质。

3. 以"劳动"促发展。学校可以通过劳动教育的实践加强德育引导，培养学生的主动性和创造性，体验劳动的快乐和辛苦，明白劳动创造幸福，同时注重培养学生的职业道德、社会责任感和公民意识，最终为学生的终生发展带来积极影响。

二　劳动教育与德育融合的实现方式

劳动教育与德育的融合，可以通过以下方式实现：

1. 培养劳动精神。通过劳动教育，引导学生正确看待劳动、正确认识职业价值，培养学生的劳动精神，如勤奋上进、精益求精、勇于探索和不怕困难等，使其在未来的职业中能够更好地适应社会的发展和变化。

2. 促进德育教育。学校可以通过一系列的劳动教育促进德育教育，通过家庭类的劳动教育引导学生体会家长的辛苦，感恩父母的付出，促进亲子之间的沟通；通过职业类的劳动教育，借助模拟工作场景，提前感受不同行业不同岗位对就业人员的需求，为以后的实习和工作创造良好的心理预期；通过技能技巧类的劳动教育，学习生活技能，让学生收获了成就感，同时提升学生对生活的兴趣和热情，树立自信心，这种正向的心态将影响学生的其他方面，促进学生成长为一个更加完善的个体。在整个劳动教育的过程中，德育教育的核心价值观贯穿始终，通过劳动教育，培养学生的职业道德、社会责任感和公民意识，树立劳动创造理想，劳动实现理想的人生观。

3. 推进综合实践活动。通过推进综合实践活动，学生能够

锻炼自己的动手能力、技能技巧和实践能力，学校可以将德育和劳动教育相融合，使学生的生活经验和专业知识能够与实践相结合，促进学生的全面发展和成长。通过这些实践，学生能够更好地掌握自己的学习和生活，提高自我管理能力，提升社会认同感，更好地了解自己的社会责任和使命感，培养个人的责任意识。

三　德育融入劳动教育的实践路径

德育融入劳动教育的具体实践包括以下几个方面：

1. 制定与劳动教育相结合的德育教育计划

学校应该制定德育教育计划，将德育的核心价值观贯穿于整个劳动教育的过程中，让学生从中受益。笔者所在的学校，学生在校一年级和二年级，每隔一周组织一次常规性的劳动教育课，每学期开展10次活动，一共40次活动。以笔者所带的文科类班级为例，在校两年的劳动教育实践，整体规划如下：

学期	主题	活动目的
第一学期	主题一：认识劳动教育 主题二：本行业劳模和先进工作者 主题三：会计金融与劳动 主题四：为父母做简餐 主题五：换季衣柜大作战 主题六：垃圾分类，变废为宝 主题七：守卫课室"一平米" 主题八：校鞋洗刷刷 主题九："柚子"宫灯 主题十：校道清洁与维护	在新生刚入学的第一学期，学校在制定德育计划上首先考虑如何更好地帮助学生建立起对劳动教育基本认识，了解劳动的意义所在，树立正确劳动观，并在他们的意识里搭建劳动教育与职业教育的联系，从而做到"树德""增智"。第一学期课程任务设置不宜过难，多为一人可独立完成的劳动任务，培养学生的劳动兴趣和热情，让他们体会实践和收获之乐。

（续表）

学期	主题	活动目的
第二学期	主题一：收纳好物 主题二：妈妈劳动体验日 主题三：厨房清洁要靠它 主题四：垃圾分类宝典 主题五：变废为宝 主题六：一周家庭劳动清单制作 主题七：为春游准备物资 主题八：浓浓情谊，礼物包装 主题九：家用电器数来宝 主题十：电器的安全使用与保养	第二学期的课程设置要开始考虑知识的联系与迁移，加强各层次任务之间的相关性。学生可在此当中感受到劳动为家庭带来的点滴改变，重新"看见"家务劳动在平时被人忽略的价值，体会父母照顾家庭、家务劳动的不易。在这个过程中，即使学生通过技能技巧类的劳动教育，学习生活技能，让学生收获了成就感，又使他们切身体会到父母的奉献与付出，完成"光荣与爱"的教育。
第三学期	主题一：这是什么农作物？ 主题二：传统的农耕文化 主题三：现代农业与未来畅想 主题四：家庭小菜园——选一种蔬菜种在家里 主题五：浇水、除虫与施肥 主题六：烹饪与营养 主题七：洗菜与摘菜 主题八：品鉴冷拼盘 主题九：炒菜有"锅气" 主题十：吃自己亲手种的作物	第三学期的课程任务难度有较大提升。在第一、二学期的劳动教育中，学生已逐步培养起正确的劳动观和劳动习惯，发自内心地对劳动产生认同感，所以第三学期的劳动教育课程可以设置与社会生活更为相关的、完成难度较大的实践任务。学生通过经历"一颗农作物"的从生到死，明白农业与食物的价值，体会劳动者的艰辛和丰收的喜悦，体现德育和劳动教育相融合，促进了学生的全面发展。
第四学期	主题一：购买水果防上当 主题二：沙拉与轻食 主题三：三明治"明不明"？ 主题四：水果"甜甜茶" 主题五：芋泥"绵绵冰" 主题六：缤纷色彩，"垫"亮生活——马赛克杯垫制作 主题七：西湖龙井or安溪铁观音 主题八：我和"柠檬"有个约会 主题九：居家劳动小妙招 主题十：劳动教育与成长	经过前三个学期的认知改造、习惯养成和情感体会，学生在道德品质和劳动技能上的提升已经很明显了，因此第四学期劳动教育课程设置可进一步达到"育美"的德育目标。学生在每节课的人物参与中，完全可以运用前三个学期里面所学会的实践技能、对劳动教育的观点和看法，组队自主地创作劳动作品，老师应给予他们创造美和带有自己特有"符号"的自由。最后的两节劳动教育课，应设置为两学年期劳动教育课程的回顾、总结与升华，学生可更进一步地获得对劳动教育价值的认同感和成就感。

2. 组织与劳动教育相关的德育主题活动

学校可以组织一些以德育为主题的劳动教育活动，如"感恩父母、奉献社会""关爱环境、从我做起""家居收纳、我在行""我的午餐我做主——美味便当制作""垃圾分类，我能行""工匠精神，我追求"等，通过劳动主题活动，通过潜移默化日复一日的劳动教育，引导学生认识劳动的重要性，做一个生活中的有心人，职业上的用心人。

3. 创造家校共育的劳动教育新模式

德育融入劳动教育育人模式是一种有益的教育模式，能够促进中职学生的全面发展和成长。在实施过程中，需要学校、教师和家庭的共同努力，营造和谐的教育环境，使学生能够得到更好的教育。因此，学校劳动教育的开展需要家长的支持和配合，学生的家庭教育也应注重德育和劳动教育的融入。比如垃圾分类的活动，课堂上的学习仅仅是个开始，更主要是在家庭中真真正正落到实处；家庭收纳技巧的学习，学生需要到家庭真实的环境中去实践才能掌握；美味便当的制作，学生在课堂上学习的操作方法，营养搭配等，真正操作的场所是在家庭的厨房。与德育相结合的劳动教育促进亲子沟通，融洽亲子关系，值得学校和家庭共同努力，一起推进。

另一方面，德育融入劳动教育的模式在实施上，需要注意以下几个问题：

1. 落实劳动教育课程常规化

学校应支持将劳动教育课程设置为常规课程，在学生课程表中体现，按照公共基础课程的要求，做好教学常规要求。学校有关部门应支持和鼓励教师开展德育融入劳动教育育人模式的实践，完善劳动教育课程制度建设，防止劳动教育课程出现功利性的价值取向，充分发挥劳动教育课程的长期育人功能，营造良好的校园文化氛围。

2. 完善师资队伍建设

劳动教育是一门新兴学科，专职劳动教师非常紧缺，笔者所在的学校的劳动教育课也是由班主任承担。因此建议学校组织劳动教育专业知识的培训，组织集体备课，教师在具备较高的德育素质同时，学习劳动教育专业知识，提升引导学生正确理解和实践劳动教育的能力。

3. 深挖家庭教育特色资源

目前劳动教育课程和活动的设置，更多的是由学校单方面组织和开展，但要想劳动教育真正地进入国民的血液，学生的家庭教育也应注重德育和劳动教育的融入，劳动教育需要学校、教师和家庭的共同努力，营造和谐的劳动教育环境，让学生在劳动教育的过程中，收获愉悦的心情，收获劳动的成果，收获个人的自信，收获和谐的亲情。学校可以在从事农业、手工业、服务业或其他行业的学生家长处深挖特色劳动教育课程资源，争取家长支持，更好地将劳动教育和中职教育的培养结合起来。

4. 争取社会支持与投入

上级部门应对劳动教育课程设置提供适当的资源倾斜，在全社会广泛宣传劳动教育的价值和意义，加大相关投入，提高教育资源的质量和覆盖面，为学生提供更多的学习机会和发展空间。企业和社会组织也应该积极参与到中职劳动教育中来，提供实践和就业机会，为学生搭建更好的职业发展平台。

四 德育融入劳动教育育人模式的效果

德育融入劳动教育育人模式的实施可以促进中职学生的全面发展和成长，提高其综合素质和就业竞争力。具体体现在以下五个方面：

1. 培养学生的实践能力。通过劳动教育的实践活动，学生能够锻炼自己的动手能力、技能和实践经验，提高其职业素养和实践能力。

2. 增强学生的责任感和使命感。劳动教育强调的是学生的劳动实践，通过这些实践，学生能够更好地了解自己的社会责任和使命感，培养自己的责任意识。

3. 提高学生的自我管理能力。劳动教育强调的是学生自我管理能力的培养，通过劳动实践活动，学生能够更好地掌握自己的学习和生活，提高自我管理能力。

4. 培养学生的合作精神和团队意识。劳动教育中的实践活动通常需要团队协作，通过这些活动，学生能够更好地培养自己的合作精神和团队意识，提高集体荣誉感和凝聚力。

5. 引导学生形成正确的世界观和人生观。德育教育的核心价值观贯穿于整个劳动教育的过程中，通过这些活动，学生能够更好地认识自己和社会，形成正确的世界观和人生观。

五 结论

德育和劳动教育是中职教育中非常重要的两个方面，将德育融入劳动教育育人模式中，可以促进学生的全面发展和成长，提高其综合素质和就业竞争力。在课程开发过程中，需要注重教育教学理念的更新和创新，结合社会发展的需要和学生的需求，不断创新课程设置和教学方法，以提高课程的实用性和现代化水平。在教学过程中，需要遵循实用性、现代化、实践性、灵活性和评价性原则，同时需要实现课程的有机整合，注重实践教学，运用信息技术手段，强调个性化教学等策略，以实现课程的目标和效果。在具体实施中，需要采取适当的策略；同时，需要加强对学生的评价和反馈，及时发现问题和不足，并进行针对性地调整和改进，以提高课程的效果和质量。

参考文献

［1］唐彦荣.中职德育教育的价值观引领策略研究[J].基础教育论坛，2023（2）：59-61.

［2］郭荣，赵文平.工匠精神融入中职德育教材情况分析——以《职业道德与法律》为例[J].职业教育研究，2022（09）：82-88.

［3］施思.现代工匠精神内涵及高职院校工匠型人才培养的路径选择[J].中学政治教学参考，2018（33）.79-80.

［4］田小建，周莹.初探中职学生劳动素养培养的可行性路径[J].公关世界，2023（04）：99-101.

［5］严家梅.中职劳动教育融入德育课程的策略探讨[J].新课程研究，2022（05）：57-59.

［6］潘婷婷.基于"厚朴远志"德育模式的劳动素养课程体系探索——以宁波经贸学校实践探索为例[J].2022（08）：85-87.

［7］王义，杜军.体验式德育提升中职生职业素养的策略探讨——以"结合地方特色，开展劳动体验"为例[J].2018（06）：88-90.

家校共育背景下中职学校劳动教育策略探究

广州市旅游商务职业学校 卢志文 李旭军

家庭是孩子成长发展的重要环境，而学校则扮演着培养学生综合素质的重要角色。在现代社会中，家庭和学校肩负着共同的责任，即为学生提供全面而有针对性的教育。中等职业学校作为培养技能型人才的重要地方，劳动教育的开展不仅关乎学生的个人成长与发展，更关系到国家经济发展和社会进步的需要。然而，随着社会经济的变革和家庭结构的多样化，家庭教育与学校教育之间的沟通协作有待提高。因此，探索中职学校劳动教育策略，加强家校合作，已成为中职学校和家庭共同关注的焦点。

一 家校共育在中职学校劳动教育课程中实施的必要性

在《中共中央 国务院关于全面加强新时代大中小学劳动教育的意见》以及《广州市推进大中小学新时代劳动教育三年行动方案（2021—2023年）》等文件中强调：中等职业学校要结合专业人才培养，增强学生职业荣誉感，提高职业技能水平，培育学生精益求精的工匠精神和爱岗敬业的劳动态度；家庭要发挥在劳动教育中的基础作用；学校要发挥在劳动教育中的主导作用。

通过家校合作共育，中职学校劳动教育可以打破传统的教育边界，实现学校与家庭教育的有机衔接。中职学校劳动教育能够更准确地把握学生的特点和需求，为他们提供个性化的教育服务，从而更好地培养学生的劳动技能和职业素养；家庭的参与和支持，学生能够感受到家人对他们学习和成长的重视和支持，增强他们对学校教育的参与和认同。

总之，增强学校与家庭的合作共育是中职学校劳动教育必要的一环，通过家校合作，能够充分了解学生的家庭背景和需求，合理分配教育职责，提供家庭参与劳动教育的机会，建立持续的家校沟通和合作机制。这样能够有效地促进学生的全面发展，提升劳动教育的质量。

■ 家校共育在中职学校劳动教育课程中实施的案例

我校致力于贯彻"五育"政策并实现学生全面发展，通过改进教育方式和理念，并推行家校共育的劳动课程等特色课程，旨在促进学生的综合能力提高，培养学生对劳动的乐趣和认知，并加强家庭与学校之间的联系和合作。

案例一：2022年11月—2023年2月，适逢新冠疫情期间，学生居家上网课期间，我校在家校共育劳动课程中布置了一项名为"烹饪小达人之我为父母做一顿饭"的家庭实践作业。意在培养学生的实际家务技能，提高他们的实践能力和独立生活的能力；同时塑造学生的责任感，懂得感恩父母的辛勤劳作，体会到劳动的价值，逐渐树立起"劳动光荣，感恩父母"的理念。我校所有班级师生都参与了该项活动，学生不仅学到了做菜的基本知识和技能，还加深了与家人的亲子关系。他们在共同居家的过程中相互关心、共同成长。

案例二：在广州市创文期间，我校推出了名为"小手拉大手，共创文明城"的家校共育劳动课程的社区服务项目。学校与附近的社区合作，组织学生和家长参与社区环境整治和公益活动。学生和家长一起清理垃圾、绿化社区、进行文明宣传等活动。活动开展期间家长使用手机、相机记录下学生的活动过程，活动后学生分享了自己的活动感受。通过这样的活动，学生不仅学到了社会责任意识和公益精神，还增进了与家人的亲子关系。他们在共同参与社区服务的过程中互相关心、合作，体验到了劳动的乐趣，逐渐理解了"劳动即成长，劳动最光荣"的理念。

案例三：我校在劳动教育课程中推行集市创业大卖场活动，学生与家庭共同参与。活动中，学生设计、制作商品，并亲自担任销售员角色，家长协助进行推广和销售管理。学生通过与顾客交流，展示销售技巧和服务态度，获得实际销售经验。活动不仅培养了学生的创业精神和经营管理能力，也促进了家校合作。在此活动中，学生在活动中培养自信心、团队合作和问题解决能力。该活动为学生提供了实践、体验和探索创业的平台，促进了职业发展。

经过对以上案例进行分析，我们明确认识到，在中职学校劳动教育中让家校共育发挥真正作用需要家庭和学校的合作。这包括将热爱劳动的观念渗透进学生的日常生活和学习中，让他们学会尊重劳动者和劳动成果。然而，通过对以上案例的调查和分析，我们发现劳动教育课程中家校共育的实施存在以下不足之处：

案例一：在回收学生的烹饪作业视频时发现，家长全程陪同和指导孩子做菜的视频很少，多数情况都是匆匆拍照完成。由此可见，一些家长对劳动教育的理解较为肤浅，他们仅仅将其视为培养孩子劳动行为的手段。然而，劳动教育的真正目的在于通过劳动行为对学生各个方面的发展产生综合性的影响。由于家长未能全面认识到劳动教育的重要性，他们过度强调劳动本身，而未能充分将劳动与教育紧密结合起来。这种情况导致劳动教育的潜在价值无法得到充分发挥。另外，家庭实践作业的持续性和循序渐进也是值得关注的问题。

案例二：学生大都以总结劳动过程的作文或者活动照片作为成果上交，尽管学生分享了他们的活动感受，但缺乏对活动的反思和评估。而且，家长与学生一起参与活动，其角色与作用也是无处体现。目前劳动教育的评价方式存在不足，主要依赖于终结性评价，即对学生最终完成情况的主观评分。这种评价方式忽视了学生在劳动过程中的自我评价、他人互评以及教师的过程性评价，缺乏系统性。

案例三：针对大卖场活动，部分家长都以工作比较繁忙为理由，让孩子自己去忙活，能在现场与孩子一同参与销售的家长寥寥可数。此种方式虽然能够培养学生独立自主能力，但是会减弱家校共育的效果。还有一些家长则过于主导活动，全部代办，使得学生的主动性和创造性受到抑制。同时，家长在活动结束后，可能缺乏对孩子的参与和表现进行反思和引导。

三 家校共育在中职学校劳动教育课程中实施的策略

（一）转变教师与家长对劳动教育的认识

教师应加强家访和家长沟通，了解家长对劳动教育的期望和需求，并介绍学校的劳动教育理念和课程安排。向家长普及劳动教育的重要性，解释劳动教育对学生综合素质发展的益处，增强家长对劳动教育的理解和支持。

1. 教师开展家长培训

学校可以组织劳动教育的家长培训活动，邀请专业人士或成功的创业者来分享他们的经验和观点。这样的培训活动可以帮助家长了解劳动教育的重要性，认识到劳动教育对学生成长的积极影响。

2. 劳动教育项目展示

学校可以定期举办劳动教育项目展示会，让家长亲身参观学生的创作和实践成果。例如，在案例一中，学校可以将学生的做菜实训成果在展示会上展示给家长，让家长更直观地了解学生在劳动教育中所学到的知识和技能。

3. 家访与沟通

教师可以定期进行家访，与家长交流关于劳动教育的话题。借此机会，教师可以与家长详细讨论劳动教育的目的、内容和方法，并听取家长对劳动教育的期望和意见。通过与家长的沟通，教师可以更好地了解家长对劳动教育的认知，并与家长共同制定劳动教育的目标和计划。

4. 家长参与劳动教育活动

学校可以邀请家长参与学生的劳动教育活动，例如，家长可以作为志愿者参与到学生的社区服务项目中，与学生一起合作，共同完成项目。这样的参与可以让家长亲身体验并参与到劳动教育活动中，亲身感受学生的努力和成长，进一步理解劳动教育对学生的重要性。

5. 教师和家长间的互动与合作

学校可以建立家校互动的渠道，例如定期召开家长会议或座谈会，教师可以与家长共同讨论劳动教育的内容和方法。通过开展这样的交流，教师可以更加深入地了解家长的期望和需求，也可以向家长传递劳动教育的目标和理念，共同探讨如何更好地支持学生在劳动教育中的发展。

（二）家校双方明确劳动教育的共育目标

家校双方明确劳动教育的共育目标是为了确保在劳动教育中学校和家庭能够共同合作、协同努力，共同培养学生的综合素质和能力。以下是一些例子，说明如何明确劳动教育的共育目标：

1. 培养学生的创新能力

劳动教育可以通过提供创造性的活动和实践机会，激发学生的创新潜能。学校和家庭可以共同努力，确立培养学生创新能力的共育目标。例如，学校可以组织创意设计比赛，鼓励学生动手制作，并邀请家长作为评委或指导员来参与活动，提供指导和支持，从而共同培养学生的创新思维和实践能力。

2. 培养学生的团队合作能力

劳动教育可以通过团队项目和合作活动来培养学生的团队合作能力。学校和家庭可以共同确定培养学生团队合作能力的

共育目标，并共同参与学生的团队项目。例如，在社区服务项目中，学校可以邀请家长作为志愿者参与，并与学生一起协作解决问题，共同完成任务，以此促进学生的团队合作精神和技能的发展。

3. 培养学生的社会责任感

劳动教育可以通过参与社区服务和公益活动来培养学生的社会责任感。学校和家庭可以共同明确培养学生社会责任感的共育目标，并共同支持学生参与相关活动。例如，在社区服务项目中，学校可以与家长合作，探讨如何解决社区问题，并共同指导学生如何参与社区活动，从而培养学生的社会责任感和公民意识。

4. 培养学生的职业素养

劳动教育可以通过实践和体验，帮助学生了解不同职业领域的要求和技能，并培养面对职业挑战时所需的素养。学校和家庭可以共同明确培养学生职业素养的共育目标，并共同提供相关的资源和指导。例如，在学生进行集市创业大卖场活动时，学校可以邀请家长作为顾问，提供职业领域的专业知识和经验，帮助学生了解市场需求和职业竞争，从而培养学生的职业素养和创业意识。

（三）家校双方注重电子平台的合理利用

家校双方注重电子平台的合理利用是为了方便信息交流、资源共享和互动合作。以下是一些例子，说明如何注重电子平台的合理利用：

1．家校信息共享

学校可以建立一个专门的家校电子平台，用于发布家校沟通的信息，如学校通知、课程表、教材资料等。家长可以通过电子平台及时了解学校的最新动态和相关信息，与学校保持紧密联系。同时，学校也可以通过电子平台获取家长的反馈和意见，进一步改进教学和家庭支持的方式。

2．学生作业和成绩反馈

学校可以利用电子平台进行学生作业的布置和提交。家长可以通过平台查看学生的作业完成情况，并提供必要的指导和反馈。同时，学校也可以通过电子平台及时向家长提供学生的成绩反馈和评价，方便双方共同关注学生的学习进展。

3．资源共享与学习支持

学校可以在电子平台上建立学习资源库，分享学习资料、教学视频和学习工具。家长可以在电子平台上获取相关资源，并与学生一起进行学习和讨论。此外，家长也可以在电子平台上提供学习支持和辅导，回答学生的问题，促进学生在学习中的进步。

4．互动合作与追踪学生表现

学校可以通过电子平台组织家校互动活动，如在线讨论、问答活动和家庭作业展示等。家长可以与其他家长和教师进行交流和互动，分享经验和资源。此外，学校还可以利用电子平台追踪学生在劳动教育中的表现，记录和评价学生的劳动过程和成果，与家长共同关注学生的发展和进步。

5．安全和隐私保护

在利用电子平台时，学校应注意确保信息安全和隐私保

护。采取合适的技术措施和用户权限管理，确保家长和学生的个人信息得到保护。

通过合理利用电子平台，家校双方可以更加方便、高效地进行信息交流和合作。这样的利用有助于加强家校互动，促进学生的学习和发展，进一步加强家校共育的效果。

（四）制定科学合理的劳动教育评价制度

制定科学合理的劳动教育评价制度是为了客观、全面的评价学生在劳动教育中的学习成果和发展情况，并为其提供有效的反馈和指导。以下是一些例子，说明如何制定科学合理的劳动教育评价制度：

1. 多元评价方式

劳动教育评价制度应包括多种评价方式，综合考虑学生的学业水平、实践能力和综合素质。例如，学校可以采用项目评估、作品展示、口头报告、实际操作等方式进行评价，从而全面了解学生在劳动教育中的表现和成果。

2. 设定明确的评价指标

劳动教育评价制度应设定明确的评价指标，以确保评价的客观性和公正性。评价指标可以包括学生的技能掌握程度、团队合作能力、问题解决能力、创新思维等方面。例如，针对家务实训项目，评价指标可以包括食品安全操作、烹饪技能、团队合作等方面的评估。

3. 策略性反馈和指导

劳动教育评价制度应注重及时地反馈和指导，帮助学生发现自己的优势和不足，并提供具体的改进建议。学校可以通过评语、评价会议、个别辅导等方式进行反馈和指导。例如，在社区服务项目中，评价制度可以包括对学生的团队协作能力的评估，学校可以组织评价会议，与学生和家长一起分享评价结果，并讨论如何进一步提升学生的团队协作能力。

4. 学生参与评价过程

学生可以参与评价制度的制定和评价过程，使评价更加公正和可信。学校可以组织学生代表参与评价标准的讨论和制定，以确保评价指标和方式符合学生的实际情况和需求。此外，学生也可以参与自我评价和互相评价的过程，提高自我认知和反思能力。

5. 持续改进和完善

评价制度应具有持续改进和完善的机制，及时根据实践经验和反馈意见进行调整和优化。学校可以定期进行评价制度的回顾和评估，收集教师、学生和家长的反馈意见，并根据需求进行相应调整，以确保评价制度的科学性和有效性。

通过制定科学合理的劳动教育评价制度，可以更好地了解学生在劳动教育中的表现和发展，为其提供有针对性的反馈和指导。这样的评价制度有助于促进学生全面发展，提高劳动教育的质量和效果。

四 结语

劳动教育是一个持久不懈的过程，需要学校与家长的共同努力和持续支持。通过家校共同合作，我们可以创造一个有利于学生全面发展和为未来做好准备的劳动教育环境。在这个过

程中，我们要不断总结经验，不断改进，为学生提供更好的劳动教育机会和资源，使他们成为具备优秀劳动技能和素养的综合人才。让我们坚定地走在劳动教育的道路上，为学生的成长和未来奠定坚实的基础。共同探索适应家校共育背景下的劳动教育实施策略，助力学生在劳动教育中获得更多的成长与发展。

参考文献

[1] 李晓红.家校共育视角下的中职学校劳动教育研究[J].职业教育，2019（08）：34-36.

[2] 张丽丽.家校共育在中职学校劳动教育中的应用研究[J].职业技术与教育，2020（07）：118-120.

[3] 王瑞.家校共育理念下中职学校劳动教育改革研究[J].现代职业教育，2018（18）：106-108.

[4] 刘洋.从家校共育角度看中职学校劳动教育的实施策略[J].教育教学论坛，2017（23）：126-127.

[5] 陈晓燕.以家校共育为背景的中职学校劳动教育教学模式研究[J].职业教育研究，2019（09）：73-74.

如何培养中职学生的劳动精神和工匠精神

广州市旅游商务职业学校　　吴曼华

摘　要　劳动教育一直是国家高度重视的一个教育课题。近些年，我国教育部门陆陆续续发布了多个劳动教学计划和教育意见。本文以广州市旅游商务职业学校旅游与文化系为例，探讨中职劳动教育如何才能够与时俱进，如何培养学生形成正确的劳动价值观和劳动精神，且成为具备工匠精神、创新能力的高素质综合型人才。

关键词　劳动教育；中职学校；劳动精神；工匠精神

新时代，劳动教育被赋予了综合育人的重要价值。2018年9月，习近平总书记在全国教育大会上指出"要坚持中国特色社会主义教育发展道路，培养德智 体美劳全面发展的社会主义建设者和接班人"，为"五育并举"的教育思想提供了指引。2020年3月，《中共中央　国务院关于全面加强新时代大中小学劳动教育的意见》明确要求把劳动教育纳入职业院校人才培养全过程，"与德育、智育、体育、美育相融合"，为职业教育教学模式改革提供了指导思路，为中职学校落实劳动教育创造了先决条件。2020年11月，习近平总书记在全国劳动模范和先

进工作者表彰大会上高度宣传和弘扬劳模精神、劳动精神和工匠精神。

一　劳动教育的目标和内涵

1. 劳动教育的总体目标

劳动教育的总体目标是通过劳动教育，使学生能够理解和形成马克思主义劳动观，牢固树立劳动最光荣、劳动最崇高、劳动最伟大、劳动最美丽的观念；体会劳动创造美好生活，体认劳动不分贵贱，热爱劳动，尊重普通劳动者，培养勤俭、奋斗、创新、奉献的劳动精神；具备满足生存发展需要的基本劳动能力，形成良好劳动习惯。

2. 劳动教育的基本内涵

2020年3月，《中共中央　国务院关于全面加强新时代大中小学劳动教育的意见》的出台，明确了劳动教育的基本内涵。该意见指出，劳动教育是国民教育体系的重要内容，是学生成长的必要途径，具有树德、增智、强体、育美的综合育人价值。实施劳动教育重点是在系统的文化知识学习之外，有目的、有计划地组织学生参加日常生活劳动、生产劳动和服务性劳动，让学生动手实践、出力流汗，接受锻炼、磨炼意志，培养学生正确劳动价值观和良好劳动品质。

二　中职学校劳动教育的内容

根据教育目标，针对不同学段类型学生特点，以日常生活劳动、生产劳动和服务性劳动为主要内容开展劳动教育。结合产业新业态、劳动新形态，注重选择新型服务性劳动的内容。而中职学校的劳动教育内容重点是结合专业人才培养，增强学生职业荣誉感，提高职业技能水平，培育学生精益求精的工匠精神和爱岗敬业的劳动态度。

三　中职学校劳动教育的重要性

1. 符合时代发展的要求

近些年，我国教育部门陆续发布了多个教学计划和教育意见，为劳动教育指明了方向。在中职学校开展劳动教育，能够不断落实高技能人才的培养目标，传承并发扬我国优秀的匠人精神和劳动精神，同时使学生形成尊重劳动、热爱劳动、乐于劳动的思想意识，具备创新创造劳动能力，这符合时代发展的客观要求。

2. 落实中职学校的人才培养目标

劳动教育是中国特色社会主义教育制度的重要内容，直接决定社会主义劳动建设者和接班人的劳动精神面貌、劳动价值取向和劳动技能水平。基于此，劳动教育在人才培养中的作用显得尤为突出。在立德树人这一目标下，与德育、智育、体育和美育相融合，共同建构出"五育"全面发展的人才培养体系并挖掘出劳动教育对其他"四育"的作用，力求其"树德、增智、强体、育美"综合育人价值达到最大化，实现劳动教育在新时代背景下的新发展。

3. 满足学生成长发展的需要

中职学生正处在一个较强可塑性的年龄，所以加强对学生的引导和帮助，通过开展多元化的劳动教育活动，提升学生的劳动技能和品德修养，使其形成健全的人格，明确自己未来的发展方向。通过开展劳动教育，不但可以使学生在劳动过程中形成尊重、勤俭、奋斗、创新、奉献等优良品质，使学生切身感受工匠精神的内涵和意义，培养学生的职业道德，增强学生的职业荣誉感和提高学生的职业技能水平。

四 培养劳动精神和工匠精神的实践探究

作为劳动教育的核心内容，劳动价值观直接影响着劳动者的价值选择。习近平总书记高度推崇劳模精神、劳动精神和工匠精神所蕴含的时代价值，指出它们三者为推动实现我国制造强国战略和社会主义现代化强国建设所作的重要贡献，并在多次讲话中号召全体成员对这三种精神进行大力宣传和弘扬。

那么，如何培养中职学生的劳动精神和工匠精神呢？本人在我校旅游与文化系（简称"旅文系"）进行了以下几个方面的实践探究。

（一）以课程学习促劳动价值观的养成

在每两周一次的劳动教育必修课上，要求我系班主任所进行的劳动教育课程必须按照学校的劳动课要求并结合本专业特点进行课程主题设计，注重发挥学生的主观能动性，形式多样化，体力劳动与脑力劳动相结合。例如：有关生活方面的劳动教育主题，"我爱我家（宿舍），巧手设计它""厨王争霸"等，让学生懂得在生活中劳动养成的重要性；结合旅管专业特色，开展"做一名讲好旅商故事的小导游"等主题班会，让学生在讲解实践中体现自己的劳动价值；结合美发与形象设计专业，设计"手工折纸"等主题，考验学生的手艺和创意。

通过这一系列的主题劳动必修课，使学生树立劳动最光荣、劳动最崇高、劳动最伟大、劳动最美丽的观念，使学生养成正确的劳动价值观。

（二）以志愿服务促劳动精神的养成

劳动教育作为一种实操性的实践活动，潜藏着独特的科学思维、工程思维等高阶思维方式，蕴含着自我存在的价值感和意义感。因此我们旅文系把志愿服务劳动和专业特色结合起来，开展更具开放性的劳动教育实践，提高学生的志愿服务参与度，传播积极向上的正能量。

1. 每日美发门厅志愿服务。作为美发与形象设计专业的学生，每天中午将会在学校的美发门厅进行义务劳动，学生们为老师们洗头、美容、美甲等，这些劳动不仅使学生在实践中提升了自身专业技能水平，也培养了他们爱岗敬业和服务意识。

2. 每周校园爱心义剪志愿活动。我系"We Control"义剪志愿服务队是由一、二年级美发专业的12位学生组成的，在每周二下午放学后，学生们就会组队进行"义起行动，剪出精彩"爱心义剪志愿活动，为需要剪发或头发过长不符合学校标准的同学们义务剪发。通过开展这些劳动，使学生在服务过程中形成互帮、互助、奉献的优良品质。

3. 每月进社区义剪志愿活动。我系美发社团"粉墨形象社"的同学们也发挥着自己的专业优势，每月走进社区、工疗站、养老院等为老人们义剪。这些老人们非常感动，感谢学生们的劳动付出。这使学生们在服务中感受到了被需要、被尊重，大幅提升了他们的自我价值感。

4. "校园小导游"志愿服务。该服务队是由我系旅管专业学生组成的，主要承担校园活动的引导服务工作，也让学生们在劳动服务中锻炼了自己的专业能力和沟通协调能力，增强了学生的职业素养和职业荣誉感。

（三）以竞赛、开发研学课程促工匠精神的养成

1. 以竞赛促工匠精神的养成

为深入贯彻《中共中央　国务院关于全面加强新时代大中小学劳动教育的意见》，落实《广州市推进大中小学新时代劳动教育三年行动方案（2021—2023年）》，结合我校旅文系的专业特色，在2022年我校举办了"劳动创造幸福，劳动达成

梦想"之"慧心巧手，匠心独韵"劳动技能大赛暨亲子活动。本次大赛旨在弘扬劳动精神、工匠精神，传承中华民族的传统文化，展示学生的劳动成果。本次大赛由旅文系全体同学和部分家长参与，共创作作品74件，其中15件来自学生与家长的合作。作品中有景泰蓝掐丝珐琅画、印染、刺绣、剪纸、宫灯……这些平时在旅游课堂上一一讲到的非物质文化遗产，在学生们的巧手下一一呈现，精彩纷呈，各具特色。这次大赛既有体现传统文化的剪纸与刺绣，也有彰显时代精神的虎虎和墩墩……优秀作品不胜枚举。其中，京剧花旦造型的美甲与传统纸扇工艺的巧妙融合，不得不令人感叹传统文化与现代工艺的完美结合。

通过这次竞赛活动，不仅提升了学生创造美、欣赏美、感受美的能力与素养，而且培养了学生执着专注、精益求精、一丝不苟、追求卓越的工匠精神。

2. 以开发研学课程促工匠精神的养成

为了配合羊城晚报"走进职教课堂"课程，我系推出了"美专课程：缠花制作"（胡加欣老师主讲）、"美专课程：汉服发型"（林奕淇老师主讲）两节课程。缠花是我国的非物质文化遗产之一，以手工艺品传递自然之美，是我国手艺人智慧的体现。胡老师通过讲解、实操缠花这项艺术，普及非遗文化。而在汉服发型课程中，林老师为大家分享了如何有创造性地进行发型设计和一些实用的发型小技巧，让学生们通过自己的灵感、创作表现出更多美的元素。通过课程展现了职业教育的魅力，打破学校教育与职业之间的壁垒，让学生们在课堂中深化对职业的认知，体验不同职业的不同乐趣。

五　小结

　　新时代下的中职劳动教育，需要学校、家庭、社区联动起来，不断创新和发展劳动教育的育人模式，不断培养学生的劳动精神、工匠精神，树立正确的劳动价值观，服务社会、报效国家，全面提高中职人才培养质量。

参考文献

［1］习近平.高举中国特色社会主义伟大旗帜　为全面建设社会主义现代化国家而团结奋斗：在中国共产党第二十次全国代表大会上的报告[M].北京：人民出版社，2022.

［2］习近平.在全国劳动模范和先进工作者表彰大会上的讲话[N].人民日报，2020-11-25.

［3］习近平.弘扬精益求精的工匠精神　激励广大青年走技能成才技能报国之路[N].人民日报，2019-09-24.

［4］习近平.大力弘扬劳模精神劳动精神工匠精神　培养更多高技能人才和大国工匠[N].人民日报，2020-12-11.

［5］中共中央　国务院关于全面加强新时代大中小学劳动教育的意见[N].人民日报，2020-03-27.

浅析劳动教育与非遗缠花创新的结合

广州市旅游商务职业学校　胡加欣

摘　要　中等职业学校劳动教育的重点是结合专业进行人才培养，增强学生职业荣誉感，提高职业技能水平，培育学生精益求精的工匠精神和爱岗敬业的劳动态度。但职业院校劳动教育的实践仍然存在缺乏学生针对性、教育成效低、与时俱进特征不明显、可持续发展动力不足等问题。在国潮文化盛行的当下，越来越多传统文化被国人关注。缠花的传承和发展创新，一个优秀的平台是不可或缺的。将缠花艺术融入劳动教育的课堂中来对于这门艺术来说也是一种极其重要的保护措施，用学校劳动教育课程对缠花艺术进行理论研究和技术探索，使这门非物质文化遗产手工艺能够继续发展下去，真正实现自己的文化价值。

关键词　劳动教育；非遗传承；缠花创新

一　劳动教育现状

劳动教育是当代学生德智体美劳全面发展的主要内容之一，是中国特色社会主义教育制度的重要内容。能促进学生

树立正确的劳动观点和劳动态度，热爱劳动，养成劳动习惯的教育；并能提高学生的劳动精神面貌、劳动价值取向和劳动价值水平。在教育部门和各级各类学校共同努力下，各方面对劳动的育人价值已形成一定的共识，学生、教师、家长积极支持劳动教育的氛围正在形成。中等职业学校劳动教育的重点是结合专业进行人才培养，增强学生职业荣誉感，提高职业技能水平，培育学生精益求精的工匠精神和爱岗敬业的劳动态度。但职业院校劳动教育的实践仍然存在缺乏学生针对性、教育成效低、与时俱进特征不明显、可持续发展动力不足等问题。很多学校普遍出现"重智轻劳"的现象，劳动教育成了纸上谈兵。由于追求学生理论成绩与专业实操成绩以及就业率，这些劳动课程往往以"副科"或选修的形式呈现，既没有形成系统的劳动课程，也没有系统的课程评价方案，甚至出现被毫无顾虑地让位给"主课"的尴尬境地，更有甚者被学生当成了兴趣课，毫不重视。

缠花发展的历程

缠花，顾名思义就是用各种颜色的丝线在提前固定好的坯架上缠绕出各种造型的花卉艺术品，根据一些民间老艺人介绍，缠花工艺源于明朝，盛于清朝，现存于民间的藏品多属民国时期，新中国成立后也曾有缠花工艺流传，但藏品极少。如今的大多数藏品都是民国时期的新兴缠花作品。对于缠花，或许多数人都会感到陌生，但作为我国的一种传统美术项目，缠花自身所带有的艺术气息是毋庸置疑的。古人对于花卉的喜爱更甚当下，在当时无论男女都有在发间簪花的习惯，而且还会根据四季时间的变化来更换不同类型的簪花，但是自然界的花卉离开了根茎之后并不能长时间保存，很快就会枯萎凋零，于是手工缠花工艺应运而生。而今，缠花这门珍稀手工艺已经被列入非物质文化遗产。

三　缠花的制作方法及材料（以叶片为例）

1. 剪好纸样350g（如果没有，可以用硬壳纸、烟盒、扑克牌等代替），准备好绒丝线/蚕丝线（如果没有，可以用普通绣线、十字绣的线代替）、铜丝线0.3～0.4mm、白乳胶、双面胶、镊子、钳子。

2. 剪铜丝：根据剪下来的卡纸形状剪一段铜丝，长度一定要超过缠的纸片长度，例如半片叶子是2cm，一片是4cm，那铜丝的长度最好是6～8cm。

3. 劈线：剪下来的两段蚕丝线，每一根劈成2股，4股再合在一起理顺，把纸样放在铜丝上（为了美观，铜丝在纸片的背面）。

4. 开缠：把蚕丝线绕铜丝往右边绕两圈，再往左绕几圈，这是为了固定好蚕丝线。然后把之前剪下来的卡纸形状放在线的下边开始缠。注意，铁丝一般是放在卡纸的背面中间。在缠的过程中注意要理线。绕两三圈就理顺一下线，这样缠出来的就会比较平整光滑，不会有缝隙。

5. 组合：一片叶子缠完再往前绕几圈，再加入另外的半片叶子，一直缠，注意不要有缝隙。缠完之后转角的地方用镊子或者手折出来会更平整一些。缠到底部最好打两个结，防止脱线。所有部件制作完毕后，按设计图样进行组合。

四　以劳动课程为依托，培养缠花工匠意识

在国潮文化盛行的当下，越来越多传统文化被国人关注。在我校组织参与的羊城晚报劳动教育课程拍摄中，我把非遗缠花工艺带进了课堂当中。不同于以往大家对缠花的认知，本次课堂我摒弃一般以地域民族特色和红色、绿色为主色调的搭配方式。缠花工艺是一种易入门的手工艺，上手快，极易获得成品，但是对于细节的把控要求很高，但凡露纸托、滑线都不能成为一件完美的作品，因此需要花大量时间反复练习，制作缠花的材料在日常生活中很容易获得，主要采用纸板、铜丝线、蚕丝线来进行制作，如果没有这些材料，还可以用纸盒，日常缝衣服所用的针线代替。缠花的制作过程大致分为绘制图样、劈丝、缠绕、接纸板、组装五个步骤。介于本次学习对象为新时代青年，又是缠花初学者，我采用缠花创新型设计的方式，对缠花的样式与呈现形式进行创新与改变，做出更让年轻人接受的实用性作品。在拍摄中制作了一枚银杏胸针，简单的金色与绿色的搭配再加上蚕丝线原本的光泽感，足以让这件作品熠熠生辉。过程中我还展示了自己创作的头冠、耳挂、胸针等创新型缠花工艺品。现如今非遗缠花工艺的传承与发展需要选择适合的载体，在劳动教育的教学过程中，把缠花带进课堂需要将理论与实践相结合，不要一味地理论至上。学生学习缠花的劳动价值在于创新与实践应用，对非遗缠花的创意转化实践已

经是非遗文化发展与传承的灵魂。随着时代的变迁、社会的不断进步，要使缠花这项非遗工艺继续传承下去，就要对缠花的材料创新、寓意组合、艺术形式等艺术特质进行研究，这是不可避免的。

　　缠花的传承和发展创新，一个优秀的平台是不可或缺的。将缠花艺术融入劳动教育课堂中来对于这门艺术来说也是一种极其重要的保护措施，也是为其发展和传承探寻出路寻找传承人。缠花的引入也将大大丰富学校的教育内容，特别是艺术类专业，使得专业教育更符合人才培养的多样性原则。利用学校劳动教育课程对缠花艺术进行理论研究和技术探索，使这门非物质文化遗产手工艺能够继续发展下去，真正实现缠花的文化价值。缠花文化创意产品代表着一种深厚的民俗文化和美好寓意，传达着浓厚的历史文化内涵。缠花文化创意产品的研发可以推动缠花文化全面、快速地发展，弘扬和传播缠花文化精

劳动教育课程银杏胸针图样

神，激发人们对于传统民俗文化的情怀。当前，中等职业学校学生文化程度普遍不高，学习态度不够积极。因此在缠花劳动教育课程中，教师可以采用多媒体教学，调整教学内容，多用创新工艺融入课堂中，例如融合珠花、纸艺、点翠、景泰蓝、刺绣、编织等其他多种手工艺，增加课程兴趣。有条件的情况下还可以带领学生参观一些博物馆展览区的精美作品，并让学生在课堂中亲自体验制作缠花的乐趣，寓教于乐。让每个学习缠花的学生踏踏实实、精益求精专注于自己的领域，让学生喜欢做这个事情，想办法让学生积极主动地配合，培养劳动精神、工匠精神。

五　总结

从前，我们时常认为劳动是指从事某种能够创造价值的生产活动，追求的是一种确切的、可量化的目标。而现如今的劳动教育活动不仅是为了创造价值获得报酬，也是一种让学生从中获得人生意义、追求精神满足的行为活动。因此，中等职业学校劳动教育不应仅着眼于获得能够创造价值的劳动技能，同时也要重视精神滋养方面的需求。作为劳动教育的参与者，则需要坚持开展劳动教育，不断创新劳动教育。以"缠花"这门手工艺为基准，用学校劳动教育课程对缠花艺术进行理论研究和技术探索，使这门非物质文化遗产手工艺能够继续发展下去，真正实现自己的文化价值，同时也让"爱劳动"成为学生对自己的基本要求，积极参与到劳动中。

中职烹饪教育中的劳动教育及其对学生职业素养的影响

广州市旅游商务职业学校　刘月娣

摘　要　中职烹饪教育中的劳动教育是一项非常重要的教育内容。劳动教育不仅可以培养学生的实际操作技能，还能够提高学生的自主学习、创新意识、团队合作等多方面的能力。为了提高学生的职业素养，学校应该加强对学生的思想教育、价值观念的培养，提供多样化的学习机会，并严格要求学生的自我约束能力。最终，通过培养学生的工匠精神和劳模精神，才能使学生更好地适应未来的职业发展和社会需求。

关键词　中职烹饪教育；劳动教育；职业素养；工匠精神；劳模精神

一　引言

为构建德智体美劳全面培养的教育体系，2020年3月，《中共中央　国务院关于全面加强新时代大中小学劳动教育的意见》（以下简称《意见》），正式将劳动教育定位为两个"重要内容"，即"劳动教育是中国特色社会主义教育制度的重要

内容""劳动教育是国民教 育体系的重要内容"[1]。随着全球经济和人们生活水平的提高，餐饮业正在蓬勃发展，对于烹饪专业人才的需求也越来越大。中职烹饪专业作为一种培养餐饮行业专业人才的途径，具有非常重要的作用。中职烹饪教育的核心是将学生培养成为具有实际操作技能和职业素养的专业人才。在中职烹饪教育中，劳动教育是非常重要的一环。通过劳动教育，学生不仅可以学习到实际操作技能，还可以培养自主学习、创新意识、团队合作等多方面的能力。因此，本文将从劳动教育对中职烹饪教育的意义和作用、中职烹饪教育中劳动教育的实践、劳动教育对学生职业素养的影响以及培养工匠精神和劳模精神等方面进行论述。

■ 劳动教育对中职烹饪教育的意义和作用

劳动教育是一种通过让学生亲身参与劳动实践和体验，以达到理解工作意义、获得劳动技能和职业素养的教育方式。在中职烹饪专业中，劳动教育主要包括学生在实践操作中独立完成工作任务，对餐饮行业的认识和理解，对烹饪技能的掌握和实践等方面。新形势下，中职烹饪专业的劳动教育要与时俱进，使学生形成正确的劳动价值观和劳动精神，并积极投入完善自我和提升自我的过程，从而实现素质教育目标，培养出高素养综合型人才，使其具备符合市场需求的技能和知识，并且能够运用工匠精神和创新能力适应烹饪行业的职业要求。通过这种方式，更好地为社会提供服务。

▤ 中职烹饪教育中劳动教育的实践及影响

　　劳动教育在于"培养学生正确的劳动价值观和良好的劳动品质"，技术技能人才首先必须是高素质的劳动者[2]。中职烹饪教育中的劳动教育，不仅是课堂学习的一部分，更是实践教学的核心环节。在学校中，学生需要在烹饪实操室进行实践操作，学习烹饪基本技能，如切菜、调味、烹调等。同时，学生还需要参与到各种实践活动中，如职业教育周活动的烹饪展示、餐饮企业的实习、中职烹饪技能竞赛等。通过开展服务社会、走进社会的劳动实践活动，不但能够使学生增强劳动技能，提高劳动积极性，还可以培养学生乐于奉献、勇于担当和勤劳勇敢等优良品质[3]。通过这些实践活动，学生可以不断地提高自己的实际操作技能，增强团队协作能力，培养创新意识，同时也更好地了解行业动态和市场需求，更好地适应未来职业发展的需要。

　　劳动教育对学生的职业素养影响深远。首先，劳动教育可以培养学生的自主学习能力和创新意识，使其能够独立思考和解决实际问题。其次，劳动教育可以提高学生的团队合作和沟通能力，使其在未来职业中更好地协作和交流。此外，劳动教育还能够提高学生的责任心和自我约束能力，使其更好地履行职业道德和职业责任。最终，通过劳动教育，学生可以在实践中深化对职业的理解，形成更为全面、深入的职业素养。

四 培养工匠精神和劳模精神

培养工匠精神和劳模精神是中职烹饪教育中劳动教育的重要目标之一。工匠精神强调在工作中追求卓越和完美，注重细节和精益求精的态度；而劳模精神则强调勤劳创新、持之以恒、不断进取的态度。烹饪行业是一个实践型的行业，需要不断地进行实践操作才能掌握技能，提高技术水平。在中职烹饪教育中，为了培养学生的工匠精神和劳模精神，需要采取一些具体措施。

第一，学校应该注重学生的实践训练。在学生学习烹饪的过程中，学校应该提供更多的机会和场所让学生进行实践操作，让学生有更多的机会去掌握烹饪技能。只有通过持续地实践，学生才能不断提高自己的实践技能和水平。

第二，学校应该加强学生的团队意识。在烹饪工作中，需要多人协作才能完成一个完整的菜品。学校应该鼓励学生多与他人交流、合作，培养学生的团队意识。只有懂得协作才能更好地完成任务，提高效率。

第三，学校应该培养学生的创新能力。烹饪行业需要不断创新才能满足市场的需求。学校应该鼓励学生勇于创新，鼓励学生在烹饪中进行改良和创新。只有不断创新才能推动烹饪行业的发展。

第四，学校要加强师资建设。学校要高度重视对劳动教育师资的支持，构建起一支高技能、高素养的教师队伍。中职学校要对现有的教师进行职业技能培训，促进其思想素质不断提升，使教师能够在劳动教育过程中始终保持最好的状态，为学生树立工匠榜样，进而让学生接受更专业的劳动教育。

第五，学校应该引导学生树立正确的价值观。烹饪行业需要讲究工艺、品质，学生需要从小树立正确的价值观，注重细节，严格要求自己的工作，以达到精益求精的效果。只有注重品质、追求卓越才能在烹饪行业中立足。

五　结论

在中等职业烹饪教育中，劳动教育是至关重要的一部分，它对学生的职业发展和未来的生活产生着深远的影响。通过劳动教育，可以提高学生的职业素养、实际操作技能和创新能力，增强学生的自我管理和团队协作能力，同时也更好地了解行业动态和市场需求，更好地适应未来职业发展的需要。同时，培养工匠精神和劳模精神，是中职烹饪教育中劳动教育的重要目标之一，可以帮助学生在职业生涯中不断提高自己的职业技能水平，更好地履行职业责任，为社会和人民作出更大的贡献。

在劳动教育实践中，学校需要注重对学生的引导和指导，让学生在实践中感受到劳动的价值和意义，并在实践中深化对职业的理解和认知。同时，学校也需要完善教育体系，加强教学方法和手段的改革和创新，提高教师的教学能力和素质，为学生提供更加优质的劳动教育服务。

未来社会和职业的不断变化和发展，需要我们不断更新和改进劳动教育，以适应新的时代和市场需求。同时，我们也需要广泛推广和应用劳动教育，为更多的学生提供高质量的职业教育服务，培养更多的职业人才，为社会和经济的可持续发展做出更大的贡献。

参考文献

[1] 中华人民共和国教育部.中共中央　国务院关于全面加强新时代大中小学劳动教育的意见［EB/OL］.（2020-03-20）［2022-11-08］. http://www.moe.gov.cn/jyb_xxgk/moe_1777/moe_1778/202003/t20200326_435127.html.

[2] 付达杰，何先应，唐琳.劳动教育融入高职　实训教学的基础、障碍与路径［J］.职业技术教育，2020，41（29）：69-72.

[3] 王莉.中职学校劳动教育课程建设现状分析与建议[J].教育科学论坛，2021（33）：61-64.

中职劳动教育课程实施的几点思考

广州市旅游商务职业学校　　黄静瑜

摘　要　中职劳动教育作为一种特殊形式的教育，近年来受到了越来越多的关注。但是，现实中仍然存在一些问题，如教学内容随意性、教学评价随意性、专业师资力量不足等。因此，本文将从这些方面进行探讨，并提出一些实施建议，以期为中职劳动教育的发展提供一些思路和参考。

关键词　中职；劳动教育；问题；思考

近年来，随着经济的发展和社会需求的变化，中等职业学校在招生、设立专业方面都发生了一些变化。但是，中职教育存在的问题也相应地日益凸显，如学生素质不高、对实际工作技能掌握不够等。而劳动教育课程的实施，可助力学生的实践能力、创造力、综合素质提升，因此成为国家发展战略中的一环，并被纳入课程改革的重点内容之中。

一 中职劳动教育课程实施的必要性

（一）劳动教育有利于培养学生动手能力

中职学校培养技术人才的特点决定了其必须具有鲜明的实践性和技能性。然而，很多中职毕业生虽然掌握了许多理论知识，但是由于缺乏实践能力，很难进入企业为之效力。因此，在校期间加强劳动教育可以培养学生的劳动技能和动手能力，使学生更快地适应未来工作需要，让他们在未来的工作中更具竞争力。

（二）劳动教育有利于增强学生责任感，提升自我管理能力

劳动过程中，学生不但要完成任务，还需要保证工作质量。他们需要严格按照要求进行操作，时刻保持警觉，因此劳动教育可以提高学生的责任感和自律能力。这对他们未来步入社会后从事职业工作是至关重要的。

（三）劳动教育有利于培养学生团队合作精神

在现代化的生产过程中，单纯依靠个人无法完成工作的大部分任务，都需要团队协作。因此，在校期间加强劳动教育也可以培养学生的团队合作能力。毕竟，假如你不能与同事沟通交流、担当责任、理解他人想法等，那么即便你有再多的专业知识也难以胜任。

（四）劳动教育有利于增强学生对社会实际情况的了解

劳动教育是一种近距离接触社会实际情况和工作环境的方

式。而很多中职毕业生初次踏入社会时由于对社会实际情况缺少了解而感到突然失措，造成不必要的心理压力和困惑。而通过劳动教育，通过参与实际的劳动活动，可以让中职生更全面地了解社会和产业发展，加深对现实世界的认识和理解，从而增加就业和创业的把握。

总之，中职劳动教育对于学生个人成长和社会发展都具有重要意义。

二　存在问题

（一）教师观念亟待转变

引导学生正确认识劳动的可贵，首先教师要端正自己的思想。环顾四周，有没有认为劳动教育课不那么重要、需要时就可以挪用的老师？有没有在繁重的工作之余，没有精心设计、随便对待劳动教育课的时候？有没有把劳动当成是惩罚、让学生在犯错时去劳动补救的情况？很遗憾，这些教师的观念亟待改变。

（二）学生观念亟待转变

体力劳动与脑力劳动相比，只是方式的不同，而没有高低之分。而正因为体力劳动普遍比脑力劳动收入低，因此往往会有"不好好学习，将来扫大街"的恐吓之言。这些错误观念容易导致学生重知识学习而轻动手能力，并且以体力劳动为耻。这恰好会影响到中职阶段劳动教育训练的主要内容：整理内务、洗衣叠衣、搞卫生、制作食物、制作手工艺品等，还会养成学生眼高手低的习惯。这些观念亟待改变。

（三）家长观念亟待转变

部分家长会通过讲述自己工作很辛苦，来激励孩子好好学习，这样的话，无形中给孩子灌输了劳动很辛苦的观念。上述"不好好学习，将来扫大街"的恐吓正是出自部分家长之口，孩子做错了事，罚孩子做家务也是有的。这些都是家庭教育中，家长无意间表露出来的错误观念。要让孩子端正态度，家长或许应该先转变观念。

三　中职劳动教育课程的实施建议

（一）资源整合

目前劳动教育课基本上是由班主任兼任的，这就涉及一个问题：兼任教师劳动素养参差不齐，往往不具备扎实的理论知识与专业技能，也没有足够时间与能力去设计和开发劳动教育课程，这就大大增加了劳动教育效果的不确定性。

中职学校如果要改善劳动教育质量，在资源整合上必须付出很大的努力，包括保证专任教师、保证劳动教育课程固定的授课时间、相应的场地分配等。只有这样，才能保证学生有充足的时间、空间和机会去参与或者体验更多不同类型的工作。

（二）劳动教育融入课程体系

在中职教育的课程体系中引进劳动教育，将劳动技能培养和专业知识学习融合起来。通过标准化培训和实习，加强对学生技能层面上的培养，并为学生营造出真实的工作环境。

（三）劳动教育与校园文化建设相结合

劳动教育的实施需要团队合作精神以及良好的心态等多种因素，而校园文化恰恰包含了许多这样的要素。将劳动教育和校园文化建设相结合，可以从整体上着手提高学生的综合素质。如我校旅文系将劳动教育与非遗项目相结合，进行了一次非遗手工大赛，收到了良好的效果。

（四）强化劳动教育过程中的自我反思

光做而不反思，就会落入"为做而做""不知为何而做""不知如何做得更好"的怪圈。而有评价标准、有讨论思考、有实际操作、有对比评判、有总结反思，劳动教育才更有效。

四　总结

中职生校内劳动教育可以帮助学生养成健康的工作态度、提高工作效率并增强他们综合素质。必要性显而易见，然而它不仅仅是一种单纯的技能培训或者简单的活动体验，也就是说并非学生唯一劳动的机会。真正重要的是如何通过细节实施和有效管理确保劳动教育在学生人生发展中产生深远影响。而专任教师的配备、家长的观念、社会风气，都会影响到良好合力的形成，从而决定劳动教育的成效。

中职学校劳动教育融入课程专业特色的审思

广州市旅游商务职业学校　　钟斯丽　吴曼华　李静

摘　要　在我国，劳动教育具有强烈的时代特征和社会属性。中职学校劳动教育课程以课堂为主渠道，因受到场地的限制，探讨其课程内容实践具有一定的必要性。本文认为劳动教育要凸显思想教育和活动实践的结合。本文从劳动教育内涵、劳动教育的特点和实施内容展开了比较全面的论述，通过展示案例重点探讨了新时代下劳动教育的新价值体现：专业性融合。重视劳动教育多专业融合设计，它不仅可以丰富中职劳动教育课程内容、形式和方法，还丰富更新劳动教育资源，对提升劳动教育实效具有重要意义。

关键词　劳动教育；课程；专业性融合

［项目：广东省教育科学规划2023年度中小学教师教育科研能力提升计划项目（2023YQJK027）］

［项目：广州市教育科学规划2024年度课题（项目编号：202316132）］

劳动教育和普通教育一样，都是需要回答"培养什么人，怎样培养人，为谁培养人"。这不仅是教育的根本问题，也是发展学生素质教育、劳动教育亟须回答的问题。新时代劳动教育承载着新的任务，教育的目的是培养德智体美劳的社会主义接班人，促进学生的全面发展、健康成长和社会进步。劳动教育以此为目标，把社会主义核心价值观融入学生日常生活、学习，学生通过劳动教育课程进行文明实践，领悟劳动精神，提高自身的创造力，培育自己的创造精神。

一　劳动教育的内涵

劳动虽然有多种不同定义，但是都有一些共通性：以人为主体、具有目的性、体力劳动和脑力劳动相结合。刘第等人认为："劳动是人们为了创造使用价值以满足物质和精神需要而对体力与脑力的耗费。[1]"2020年，教育部印发的《大中小学劳动教育指导纲要（试行）》中明确了劳动教育是发挥劳动的育人功能，对学生进行热爱劳动、热爱劳动人民的教育活动。劳动教育的教学重点是在系统的文化知识学习之外，有目的、有计划地组织学生参加日常生活劳动、生产劳动和服务性劳动，让学生动手实践、出力流汗，接受锻炼、磨炼意志，培养学生正确劳动价值观和良好劳动品质。现在中职"劳动教育"课程一般由班主任负责开展实施课程教学，课程体现了以劳育人特点，劳动教育课程体现践行劳动传统、劳动精神、工匠精神等文明培育特色，具有丰富的精神内涵。

劳动教育的特点和内容

（一）劳动教育的特点

马克思就对教育与生产劳动相结合展开过阐述，认为劳动是人类特有的活动。1958年，毛泽东同志也明确提出："教育必须为无产阶级政治服务，必须与生产劳动相结合。"劳动教育体现了劳动教育与生产劳动相结合。新时代的劳动赋予了劳动教育更多的内涵和意义。习近平总书记在党的二十大报告中强调："育人的根本在于立德。全面贯彻党的教育方针，落实立德树人根本任务，培养德智体美劳全面发展的社会主义建设者和接班人。"中职劳动教育具有自身的优势，特点上更体现了教育与生产劳动相融合。中职学校教育坚持多元主体参与协同育人，具有很强的专业性，注重发挥学生的长处，培养学生的各项技能和专业基础。职业教育评价更倾向于学生的全面性发展，中职学校的劳动教育易与思想政治教育相融合，引导学生向劳模分子学习，在劳动中树立典范，学习其劳动精神。学生在劳动中开发智力，通过劳动可以加强自己的技术技能，传承技艺，创新技艺。学生在劳动教育可以锻炼身体，通过劳动提高自己的身体素质，塑造健康的人格。

（二）劳动教育的内容

中职劳动教育以实践活动为载体，劳动教育课程是实践活动在课堂的呈现。课程上体现综合性、实践性、针对性，体现劳动素养培育和全面发展。通过劳动教育培养中职学生的劳动观念、劳动态度和劳动习惯，劳动过程中融入了思想品德教育元素。中职学生的劳动教育内容一般分为日常生活劳动、生产技能型劳动、公益劳动教育。现在中职学生的培养以"德技并修"为目标，但因为中职学生的文化成绩和学习动机相对较薄弱，中职学生的劳动观念、劳动知识、劳动技能相对缺乏。而中职学生的学习压力相对较小，学习任务多体现在专业技能课程，参与竞赛类机会较多，总体而言，学习任务轻松和课余可支配时间较多。所以本人认为中职学生的劳动教育课程应和中小学劳动课程有所不同，劳动课程应更凸显自己的专业性锻炼。

二　专业教育融入中职劳动教育课程实践初探

王莉等人认为："中职学生劳动素养的不足之处有：一是对劳动观念的认识水平参差不齐；二是对劳动知识的了解程度不够深；三是对劳动技能的掌握程度深浅不一；四是中职学校对学生的劳动素养培养质量不高，缺乏理论性指导、系统性构建、协同性推进，与我国现阶段劳动教育目标仍存在一定差距。"[3]本文认为在日常生活劳动、生产技能劳动、公益劳动教育等劳动内容上应加强学生的实践体验，把劳动教育与专业特点相结合，引导中职学生提高自己的劳动技能，加强自己的专业技能，体现了跨界融合。

以LS中职学校美发与形象设计专业学生为例，班主任在开展劳动教育课程时针对了中职学生专业特色和劳动教育课特点，设计了系列劳动教育课程主题。

（一）生活劳动方面，设计"我爱我家（宿舍），巧手设计它"劳动教育主题。学生通过选取家（宿舍）的一部分区域，自己动手整理、收纳、打扫内务，同时还需要兼顾美学、视觉的美感，在劳动中融入专业的特色，使学生审视常见的生活整理问题，反思并领悟美的追求。通过本次劳动教育，学生学会生活小诀窍、小技巧，同时明白整洁、美观对人身心的重要性。

（二）公益劳动方面，设计"青春在奉献中发光"劳动教育主题，在校学习期间本专业学生通过参与"义剪"公益活动，为本校需要剪发的同学们免费提供剪发服务。在活动中，本专业学生加强了技能锻炼，获得了专业荣誉感，领悟了劳动价值。其他同学可以体会到美发学生娴熟的专业技能，激励自己向先进学习，最终教育影响辐射区域扩大，该劳动教育公益活动激发了更多的同学愿意结合自己的专业性参与到更多的志愿活动中。

（三）技能劳动方面，设计"成长的轨迹"劳动教育主题。案例"2212班美发与形象设计班级劳动教育课——手工折纸"（见附录）展现了学生本专业技能，体现了思想品德教育协同育人的作用。作为形象设计类专业学生，日常接触专业知识时需要学会设计并制作一些传统非遗饰品，要求学生"心灵手巧"。本次劳动教育以考验学生的手艺和创意为目的，通过纸花的折叠、创意性发挥体现了本专业学科的需要。同时通过此主题活动，明白造纸术是中国古代四大发明之一，为中国文明和世界文化作出了很大的贡献。纸可以用来书写，传播思想文化，记录人类历史；也可以成为一种艺术，古代的窗花、灯笼等材质来源于纸。折纸这种手工制作体现了学生对手工艺品的热爱，不仅可以分享折纸背后的生活趣事，也可以展示自己的才华，同时也是宣传中华传统文化的有效途径，也是爱国主义情感熏染的有效途径。

文中的三个主题活动都凸显了三个内容：教育主体体现了以学生为主，充分发挥学生在劳动教育的主体地位，注重发挥学生的主观能动性。教育内容上深化劳动教育内涵与外延，形式多元化，体力劳动与脑力劳动相结合。教育影响上，推进劳动教育与专业教育融合，突出了"劳动光荣，创造伟大"的创新精神。

综上所述，本文认为劳动教育的内涵应随着时代不断创新，劳动教育课程的设计和课程定位应在各层教育体系中有所不同。中职学校的劳动教育课结合中职学生的学情情况，不断创新劳动教育课题和作品，挖掘更多的劳动教育素材，注重中职学生专业特色和专业基础情况，强调劳动教育体现多学科融合，丰富劳动教育内容设计，提高劳动教育实效。

[附录]

2212班美发与形象设计班级劳动教育课——手工折纸

（一）活动地点

活动场地安排在课室，同学们将桌面上的书本清理干净，电教员检查教室里的多媒体设备是否能正常使用。

（二）活动准备

选取本节课主讲人，主讲人课前需要落实本节劳动课素材

和任务布置。

1. 班级分成6小组，小组选取组长。

2. 购买手工折纸材料：心愿星折纸、空瓶子、彩色纸张。

3. 设计手工折纸课件。

（三）活动步骤

1. 主题讲解

主讲人讲本次劳动教育课——折纸，结合课件进行本次活动讲解。

（1）手工是什么？

原先指非机器设备批量生产而是由人工制作生产的。在现在更多指靠手的技能做出的作品。

（2）活动目的

为了丰富学生的课余生活，锻炼学生的动手实践能力，进一步提高学生对手工制作的兴趣，在这次手工实践中利用提供的材料，通过剪、折、粘贴制作出各自喜爱的作品。

（3）一些折纸作品的教学（千纸鹤、纸玫瑰）

2. 边学边做

全班同学共同观看折纸课件或者折纸视频，在活动过程中，反复播放，不用关闭。同时有折纸教程书籍分享，保证了同学们的多样化需求。学生开始动手尝试折纸，小组成员互相咨询、请教，指导。

3. 成果展示

各组成果评价主要分为两个环节。

（1）必备环节：每组必须上交心愿星。评分标准：数量多得分高，满分为50分。

（2）创新环节：学生折纸可以根据自己创意进行设计。评分标准：数量和美观相结合，班主任做评委，满分为50分。

（3）颁发奖状

4．教师总结，反思精进

同学们通过这节劳动教育课，同学们交流经验，锻炼技艺，培养艺术素养和创造力。同学间磨合感情，增进了同学友谊。也培养了同学们的细心和耐心，如果粗心折纸没对折，就会前功尽弃，从折纸中学会做事严谨，仔细认真。同时联系到本专业学习，学好技艺，传承文化。

5．活动剪影，留存记忆

以下是本次活动的作品展示，同时也制作了视频等留存。

参考文献

［1］刘第，张攀，文华．中职生劳动教育［M］．北京：中国人民大学出版社，2022：4.

［2］黄济．关于劳动教育的认识和建议［J］．江苏教育学院学报（社会科学版），2004（05）：17-22.

［3］王莉．中职学生劳动素养的问题与对策研究［J］．广东技术师范大学.2022年第12期.

浅析劳动教育与汉服头面装饰的结合

广州市旅游商务职业学校　林奕淇

摘　要　人类起源于劳动，劳动是人类最基本的实践活动，它不仅创造了人类本身，而且创造了精神财富与物质财富，保证了人类的延续和发展。劳动是锻炼学生意志品质的有效手段。中国历来是个极重礼仪的国度，注重头面装饰，是一种基本礼仪。汉服头面装饰发展融入劳动教育课堂中是一件双赢的好事，不仅弘扬了中华传统文化，而且让汉服头面装饰更广为人知。作为劳动教育参与者，应该继续将传统汉服发型更新创造，让汉服头面装饰继续发扬光大，让学生从中热爱劳动，积极参加劳动教育。

关键词　劳动教育；汉服发型；传承文化

一　劳动教育的基本内容

劳动教育是我国教育中的一部分，我国教育分为了基础教育、高等教育、职业技术教育和成人教育。而劳动教育又是这几个阶段中一个极其重要且不可忽视的一部分。对培养学生劳动观念、磨炼意志品质、树立辛苦创业的精神以及促进学生

多方面的发展具有重要作用，为学生更深远地发展打下基础。人类起源于劳动，劳动是人类最基本的实践活动，它不仅创造了人类本身，而且创造了精神财富与物质财富，保证了人类的延续和发展。劳动教育是中国特色社会主义教育制度的重要内容，也是学生德智体美劳全面发展的主要内容之一，能使学生树立正确的劳动观点和劳动态度，热爱劳动和劳动人民，养成劳动习惯的教育，能直接决定着学生的劳动精神面貌、劳动价值取向和劳动技能水平。

二　汉服发型之头面装饰

（一）为什么有汉服发型

汉服作为我国最具有代表性的服饰，在汉文化复兴运动的浪潮中得到了社会人群越来越多的关注。我国素有"衣冠上国，礼仪之邦"的美誉，汉服不仅仅承载着我国悠久的历史文化，也是中国优秀传统文化的重要表现形式和重要符号。而汉服发型则是汉服文化中不可或缺的一部分，通过对古人头部和面部装饰的了解，我们可以看到头面装饰在古代是一项大工程，无论男女，无论贫富，都把头面修饰作为个人生活的重要组成部分，让自己改头换面，才能给自己和他人带来许多不一样的变化。头面装饰是古人的一项基本礼仪，将头发绾束整齐是华夏民族的传统，披头散发是蛮夷之邦的习俗；头上插不起金簪银钗，用荆枝竹筷也要把自己打理清爽；脸面用不起高档化妆品，也要至少让自己干净整洁。蓬头垢面是对自己的不负责任，也是对他人的不尊重。

中国历来是个极重礼仪的国度，注重头面装饰，是一种基本礼仪。比如三国时的曹植，不化好妆绝不见客，看似矫情，实际上却也是对客人的一种重视和尊重。适当的头面装饰既能够让自己以良好的形象示人，也是待人接物的基本礼貌，是对他人的一种基本尊重。

（二）头面装饰体现了古代的等级差异

古代头面装饰是别贵贱、定尊卑、正名分、彰礼法的重要工具，森严的等级差异通过最引人注目的头面可以一目了然。我国周代就已经形成了完备的冠服制度，将等级制度以礼的形式固定了下来。以冠式而论，冠帽的形制、质地、色彩及其上的佩饰均会因佩戴场合和佩戴者的身份不同而有严格的礼制规定，复杂而繁缛。以发式和头饰而论，在造型手法、材质用料、制作工艺等方面，不仅皇室与民间、贵族与平民、男性与女性、婚前与婚后有着严格的区别，拥有不同身份等级、社会地位的人更是各有等序，不得僭越。对于古人而言，头面装饰不仅是一个人身份和地位的象征，是别等威、显贵贱的标志，也是个体形象美的重要展现。古人的头面世界，不仅昭示和彰显着不同时期的历史风貌和时代气质，也展现和抒发着古人的审美情趣和精神诉求。

古人的头面装饰细致烦琐，款式多样，精美的头饰和精致的妆容，浓艳鲜丽，风情万种，姿态万千，美不胜收，不仅给人以极高的视觉艺术享受，也能够促使人以更加积极向上的姿态参与美好生活；不仅激发了人类天性中对于美的无限追求，也体现了多姿多彩的美学风貌，是时代审美的最好体现。

（三）汉服头面装饰对当代的作用

头面装饰在现代日常用的其实并不多，但一些电视剧、电影，以及影视作品与一些汉服展演等会用到。所以便有不少的岗位以及职业的诞生，不仅创造了精神财富，更创造了物质财富。如中式新娘的婚礼拍照，影视剧里的造型师，甚至是电视台主持人也会用到。对一些饰品（如发簪）的出现也为现代年轻人提供了一个新的平台，并使得更多人了解到汉服头面装饰。

三　以劳动课程为依托，培养学生对于中国传统文化的热情

随着近几年国潮文化的盛行，汉服造型文化基本是走在了最前列，深受当代年轻人的喜爱，现在大街小巷都经常看到穿着汉服出行的年轻人。在学校组织参与的羊城晚报劳动教育课程拍摄中，我把汉服发型带入了课堂当中。用实际操作结合理论知识在视频中为学生展示了一款汉服发型的制作过程，首先汉服发型并不是一看就能够学会的，并不是单一的一种发型，汉服发型基本分类有笄、簪、钗、环、步摇、凤冠、华盛、发钿、扁方、梳篦等。在本次劳动教育课程中，学生基本为青少年，基于学生的现有条件，猜测学生可能头发短又是初学者的情况下，我采用了加假发包的方式来丰富整个发型，这种变动会使得学生在做造型方面更加轻松，购买好现成的假发包，学生跟着我的教程一步步走，基本上只用学习编发技巧，其他按照整体造型加上去，最后用发饰挡住有缺陷的地方就完成了。

在我的描述中可以感觉到汉服发型好像很容易的样子，但其实不是这样的，汉服发型是一种极难入门的工艺，眼睛看会了，但实际动手却发现手指协调不好，所以上手有些难，需要反复练习与不断学习才能获得效果，对于细节的把控要求非常高，往往因为发丝凌乱、固定不好夹子、下不好发饰就不能成为一件完美的作品，因此需要花大量时间反复练习，来达到汉服发型的完整型。初学者在实操上可以先从简易的辫子类造型开始学习，不断提高自己的手感。在理论中还需要了解各个朝代的发型，加深自己对于头面装饰的了解。在这个过程中青少年能加强自己的动手能力，也能对中国传统文化有了一定的了解，使学生感受到劳动的艰辛与不易，相关专业的学生更能在未来发展的道路上多一些选择。

四　汉服与汉服发型为当代青年带来的影响

近几年来，随着国潮文化的发展，大街上穿汉服的青年人多了起来，似乎不会有人再觉得这样的装扮有何不妥。穿上汉服，做个精致的汉服发型，化个精致的妆容，戴上珠钗，成了当代年轻人的新潮造型。在这些汉服造型背后，衍生出了一个全新的职业，它被新的市场需求所催生，同时也引领着这股新的潮流发展，那就是"汉服造型师"。

在一些汉服造型体验店里，顾客可以租用整套汉服外出拍照。汉服造型师的主要工作就是为顾客选择合适的汉服，然后根据服装的朝代，再搭配相应时期的妆容、发型和饰物等。轻描花钿、整理发髻、制作发饰……成了汉服造型师的日常工

作。不同朝代衣服裁剪、色彩搭配、发髻妆面都有所区别，汉服造型师需要更多地了解文化历史背景知识。平时，汉服造型师还要与汉服设计机构进行合作，定制专业的汉服，确保服装元素与朝代统一，服装制作精良。

与一般的造型师和化妆师不同，汉服造型师必须了解专业的汉服知识。汉服是汉民族的传统服饰，从黄帝时期至明末有4000多年的历史。每个专业的汉服造型师既要分得清汉服的朝代，也得掌握与之搭配的妆容技能，因为从文化还原的角度做足功课，给予顾客更高品质的服务，才能赢得顾客的信任，并吸引更多汉服爱好者。

五　总结

作为劳动教育参与者，应该将传统汉服发型更新创造，让汉服头面装饰继续发扬光大；让学生从中热爱劳动，积极参加劳动教育，并了解中华上下五千年以来的文化底蕴，以及弘扬中华传统文化；让越来越多学生也参与进来能有效地培养学生珍惜尊重别人的劳动成果，培养出聪明好学、自强不息、勤俭节约的新时代青年。

五彩劳育悦生活

PART 2

典型案例

荔波职校工作坊劳动教育典型案例

荔波县中等职业学校　龙云焕　侯进龙

根据《中共中央　国务院关于全面加强新时代大中小学劳动教育的意见》，为积极推动我校"4336"育人品牌建设，荔波职校工作坊结合职业教育特点，坚持"五育"并举，配合学校共同修订了人才培养方案，将劳动教育纳入学校人才培养计划，根据我校学生特点设计学生劳动技能培训目标，将学校、社会、家庭劳动实践有效结合，注重教育实效，多形式开展劳动教育，促进学生形成正确的世界观、人生观、价值观。"学生劳动服务周"就是其中的一种形式。

一　指导思想及意义

我校以"学生劳动服务周"作为学校德育管理和"以劳育美"的重要载体，通过劳动服务周工作，培养学生热爱学校、热爱劳动、尊敬老师、礼貌待人、团结协作的优秀品质，同时培育他们的服务意识和职业道德，逐步提高学生的服务技能，形成学生自己的真本领，为学生今后从事相关职业打下良好的基础。通过日常的劳动服务，培养学生的礼貌意识、服务意识、服从意识、创新意识以及与人沟通交往的技能，助益学生锻炼劳动技能，积累劳动工作经验，培养劳动习惯，促进学生去深切体会劳动创造美好生活的真正含义，把学生从狭义的"劳动"认知到广义的"劳动"认知转变，全力营造"劳动光荣、技能宝贵、创造伟大"的时代风尚。

"学生劳动服务周"通过分期分批（每周一个班，停课进行）组织学生参加校外志愿者服务、校内的学校行政服务管理、学生服务管理、校园管理、师生餐厅服务、农耕体验等实践活动，每天在老师的指导下，通过岗前培训、每日班前会、中期分享、工作总结等，引导学生把书本知识和当前服务型行业的新要求运用在实际操作中，增强学生的自我教育、自我管理、自我服务能力，让学生在劳动的同时体验劳动的乐趣和感恩之心。

二 具体实施过程

1. 实践前期准备

学校通过政教处牵头，教务处、校团委及荔波职校工作坊联合，每学期分期分批组织各班学生参加为期一周的"学生劳动服务周"工作，让学生接受专任此项工作的老师指导，通过学校设置的上（放）学校门迎（送）宾礼仪、各办公室小秘书、教工餐厅服务接待、学生餐厅管理、学生文明礼仪监督、美化净化校园、农耕体验等岗位锻炼、服务，让学生在为期一周的劳动服务中接触到新的认知领域，学习到课本及专业以外的宝贵知识，在工作中学会尊敬老师、礼貌待人、团结协作、热爱劳动的优秀品质，同时培育他们的服务意识和职业道德，

领导重视，校长对每天即将上岗同学作岗位要求

从而逐步提高学生的服务技能，形成学生自己的真本领，为学生今后从业打下良好的基础。

2. 劳动服务事件过程

在短短一周的"学生劳动服务周"中，学生们要严格按照职场要求，接受上学如上班的教育。

第一，严格仪容仪表的要求。从发型、衣着、指甲、妆容都要求学生按照行业的要求去做。一些平时不愿意剪头发、不愿意买黑皮鞋、不愿意穿校服，喜欢化浓妆的学生，通过服务周的礼仪课培训，都在一周的职业氛围中自觉地改变自己原有的形象去做一位合格的职场人。

第二，角色的转变。学生变成了员工，老师的角色变成了职场的主管，"主管"一直用"正面管教"的方法教育学生。"主管"适时地给员工加油打气，适时地赞扬几句，就能固化

"员工"的正确行为。这种角色转换的德育更能让学生接受，也正是职业学校特有的德育形式。因此，学校充分利用校内、校外实训基地及生产性实训基地，鼓励学生利用技能参加劳动，通过劳动提升技能，促进专业交流，同时引导学生注重规范和行业标准，积累职业经验，将劳动教育和职业标准相结合，鼓励学生在劳动中体会职业需求，激发学生劳动的内在需求和动力。

第三，职业素养形成。学生自己亲自在校园捡过垃圾，知道劳动的艰辛，他就不会再随便在校园内乱扔垃圾。每天早上学生"上班"前的班前会简单小结前一天的工作，表扬工作积极的、仪容着装规范的学生，无形中使做得不够好的同学看到差距并在第二天自我整改。这些细小的变化都是学生通过内化而作出的自发的改变，这种效果远比老师要求他做有效多了。另外，学生们进入到老师平时办公的场所进行实践服务工作，在帮助老师分担自己力所能及的工作的同时也了解到老师平时工作的艰辛，从而对老师多了一份理解和尊重。通过参与对学生的仪容仪表、行为规范的监督管理，让学生在不知不觉中接受到习惯养成教育，真正做到内化于心、外化于行。

第四，农耕体验。促使学生知道父母劳动的艰辛、粮食的来之不易，从而知道感恩父母、知道爱惜粮食，尊重劳动成果。同时，充分发挥家长职责，学校、班级通过各种信息渠道和沟通形式，广泛宣传加强劳动教育的意义和措施，使广大家长深刻领会劳动实践在学生学习、生活和未来长远发展中的积极意义和作用，引领家长自觉成为孩子家庭劳动的指导者和协助者，形成育人合力，合力布置力所能及的家庭劳动作业，以

一定形式保持与家长的交流反馈，并鼓励积极参加家庭劳动的学生。

第五，总结反思。在服务周工作中，每个学生都要完成五张表格（服务周工作评价表、文明礼仪评分表、学生服务周工作评估评分细则表、服务周学习表、服务周考核表）的填写，让学生学会在各部门的监督下完成任务，自我总结反思。将具体劳动内容、过程和相关事实材料全面客观地记入学生综合素质评价档案，加强实际劳动技能和贡献情况的考核，并作为升学、评优、毕业的重要考核，整个服务周的过程记录确保真实可靠。

第六，视频制作。每一周工作结束后，学生自己将工作过程的素材整理，编辑成小视频，在下周一全校升旗仪式上播放，让全体师生共同见证他们的成长，同时，提高了他们视频编辑能力和审美能力。

第七，感恩教育。服务周结束后每个学生都主动填写感恩卡表达对自己工作部门老师的感恩，感谢老师们一周对自己

劳动服务周学生在感恩墙上表达自己对部门指导老师的感恩之情

工作上的指导。这种学生内在自发的对老师的感恩之情正体现了服务周工作对学生的内化教育作用。每一周学生对老师的这些感恩的表白语句都会被张贴在学校宣传栏里，让全校学生看到，并每周更新。这面小小的感恩墙不仅是让更多的学生学会感恩，也是从另一个角度对老师的工作提出了更高的要求，让老师们知道，只有不断自我提升，以心育人才能成为受学生尊敬的老师。

三　经验及反思

第一，认真贯彻劳动教育是马克思主义教育观者和中国特色社会主义教育制度的重要内容，在传授劳动教育理念和培养劳动能力的过程中，准确把握社会主义建设者和接班人的劳动精神面貌、劳动价值取向和劳动技能水平的培养要求，全面提升学生劳动素养。更好地培养学生的劳动观念、劳动能力、劳动习惯和品质。

第二，要贯彻启发式教育，采取多种教学形式，充分调动学生的劳动积极性，使他们体验劳动的同时体验劳动收获成果的快乐。

第三，教师以身作则，充分展示教师个人参与劳动的过程及成果，配合家长，鼓励学生进行多种形式的劳动。

通过三年多的学生劳动服务周，学校学生的整体面貌发生了明显的变化。学生普遍礼貌意识增强，学生从进校门时对服务周同学的问好没任何反应，到主动给予回应。从不修边幅穿自己的衣服回校到自觉穿校服上学。他们更加注重自己的仪容仪表和行为规范，处处以职场人的要求规范自己的言行，在服务中展现文明，在劳动中学会感恩。我校通过多种形式的劳动教育，帮助师生树立了正确的劳动观念，同时帮助学生具备了良好的职业道德、吃苦耐劳的职业精神。充分发挥了劳动教育的"树德""增智""强体""育美"的实践教育功能。

以职业启蒙课程体验为纽带，
开启普职融通劳动教育新模式

广州市荔湾区外语职业高级中学　杜少贞　苏艳

摘　要　本文基于新时代劳动教育和职业教育背景，阐述了职业学校如何发挥职业教育优势，把职业启蒙课程引进初中学校，以职业启蒙课程体验为纽带，共同开启普职融通劳动教育新模式。将劳动教育与职业启蒙课程体验相结合，开发"菜单式"模块化普职融通课程体系，通过"走出去，请进来"开展各种形式的职业启蒙教育，收到明显成效。

关键词　劳动教育；职业启蒙；普职融通

劳动教育是新时代党对教育的新要求，是中国特色社会主义教育制度的重要内容，是大中小学必须开展的教育活动。国家对劳动教育在不同的学段有不同内容，对于初中阶段劳动教育内容不再是简单让学生扫地、做家务，而是围绕增加劳动知识、技能，使学生初步养成职业意识，开展职业启蒙教育，获得初步的职业体验，形成初步的生涯规划意识。实现劳动教育与生涯教育的共生共进已渐成共识，既体现了新时代对劳动教育的效能期望，也体现了中国特色生涯教育的重要特征。普职

融通就是将职业教育资源引入初中劳动教育，丰富初中劳动教育课程资源，将劳动素养培育与职业意识培养有机结合，既区别于小学阶段的初级劳动认知与劳动技能教育，又为高中、大学阶段的生涯规划教育奠定基础，凸显初中阶段劳动教育承前启后的特点。我校经过多年实践，发挥职业教育优势，把职业启蒙课程引进初中学校，以职业启蒙课程体验为纽带，共同开启普职融通劳动教育新模式。把劳动教育融于职业启蒙课程体验活动过程中，多形式、多场景开展职业启蒙课程体验活动，为培养学生动手实践能力和职业生涯规划意识奠定了基础，促进每一个学生成为更好的自己。

一 普职融通劳动教育新模式构建理论背景

（一）马克思的劳动观

马克思的劳动观认为劳动过程是人满足自己生存和生活需求，使自己获得主体性的过程。人类通过劳动创造物质财富，以满足当前的物质需要的同时，在一定程度上也促进了人对自我需要的认知，如正是在劳动满足人类物质需要的同时，催生了人类的精神需求。可见，劳动实践在人的需要中发挥了重要的作用。劳动不再是人们谋生的手段，而是人们生活的"第一需要"，人们享有充分的劳动自由，且可以根据自身需要获得劳动产品，人在劳动过程中肯定自己，实现对自己本质的复归。

（二）习近平总书记关于劳动教育重要论述

党的二十大报告指出，"统筹推动文明培育、文明实践、文明创建，推进城乡精神文明建设融合发展，在全社会弘扬劳动精神、奋斗精神、奉献精神、创造精神、勤俭节约精神，培育时代新风新貌"。党的十八大以来，习近平总书记高度重视群众性精神文明创建活动和新时代文明实践活动的开展，注重树立文明新风、培育时代新貌。要在学生中弘扬劳动精神，教育引导学生崇尚劳动、尊重劳动，懂得劳动最光荣、劳动最崇高、劳动最伟大、劳动最美丽的道理，长大后能够辛勤劳动、诚实劳动、创造性劳动。

（三）国家关于劳动教育重要文件

2019年1月，国务院印发实施《国家职业教育改革实施方案》中提出，鼓励中等职业学校联合中小学开展劳动和职业启蒙教育，将动手实践内容纳入中小学相关课程和学生综合素质评价。2021年10月，中共中央办公厅、国务院办公厅印发《关于推动现代职业教育高质量发展的意见》中要求，加强各学段普通教育与职业教育渗透融通，在普通中小学实施职业启蒙教育，培养掌握技能的兴趣爱好和职业生涯规划的意识能力。2020年7月，教育部印发《大中小学劳动教育指导纲要》明确提出，职业院校要主动开放实训实习场所、设施设备，建立健全开放共享机制，为普通中小学提供所需要的服务。同时发挥职业院校教师的专业优势，承担普通学校劳动教育教学任务。中小学要坚持因地制宜，根据各地区和学校实际，结合当地在自然、经济、文化等方面条件，充分挖掘行业企业、职业院校等可利用资源进行劳动教育。因此，劳动教育与职业启蒙教育的融通，发挥职业教育优势，以职业启蒙课程体验为纽带，联合区域内的普通中学开展劳动教育实践是现代劳动教育新模式。

二　普职融通劳动教育新模式构建的工作背景

（一）基于初中学校劳动教育的需求

开展职业启蒙教育是初中学校劳动教育其中很重要的内容，对于初中学校要进行职业启蒙教育，劳动教育资源非常有限。一方面缺少与职业相关的校内外实践体验场所和相应设施设备，另一方面缺乏相应的师资力量，在校老师不熟悉职业教育，无法将劳动教育与职业认知相结合，只能停留在理论层面，或者纸上谈兵，无法给学生一个真正的职业体验，以致学生在毕业时要选择专业非常迷茫，不了解职业教育，不知道每个专业学什么技能，哪些专业适合自己。

（二）基于职业学校的社会责任与自身优势

我校是荔湾区教育局属下唯一一所职业学校，区内有初中学校近40所，面向区内学校开展职业启蒙教育有着义不容辞的社会责任。职业教育的教学内容非常丰富，教师资源和实训基地资源都非常充沛，众多实习实训基地、实习单位、素质拓展营地、专业实操教室设施设备等，在丰富和拓展普通中学劳动教育内容、方式等方面具有天然优势。我校拥有全区领先水平的电脑室、琴房、舞蹈室、合唱室、茶艺室、直播室、商品拍摄室、美工室、多功能实训室等40多个实训场室，校企合作基地50多个。师资力量雄厚，拥有高级教师30多人，双师型教师38人，开展职业启蒙教育具有很大的职业优势，能充分发挥学校实践场地和师资优势，在区内中学开展形式多样职业启能教育。学校早在四年前就成立了职业生涯规划中心，开展"送课到校职业启蒙"项目，以"职业探索"为主，通过"走进课堂"体验职业课程，探究不同专业包含的职业技能，培养学生掌握技能的兴趣爱好和职业生涯规划的意识能力，效果非常明显。此模式在初中学校大受欢迎，发挥职业教育的优势，促进职普融通发展，达到双赢效果。

三　普职融通劳动教育新模式具体做法

（一）自主开发"菜单式"模块化普职融通课程体系

职业教育资源引入初中劳动教育、将劳动教育与职业认知相结合，建立初中劳动教育普职融通"菜单式"模块化课程体系。学校成立职业启蒙智联队，由一群由职业素养和专业技能的骨干教师组成，共同商讨、构建学校职业启蒙系列课程，学校100多个老师做到人人参与、分工不同，智联队根据中学生特点和学校需求，设计了"菜单式"模块化课程，包含职业启蒙、职业素养两个板块，其中职业启蒙课程包括各专业课程体验、科技项目、职业社团活动，20个课程、4个科技项目、5个职业社团；职业素养课程包括认识职业、职业心理、职业素质、拓展活动等4个板块7个课程。整个职业启蒙课程体系包含27个专业认知课程、4个科技项目、5个职业体验社团，根据

区内初中学校需求，制订职业启蒙教育方案，有的是一小时课程，有的是一天课程，有的是一学期课程。滚动式多元组合，把同质课程推广到不同的学校，既不影响学校正常教学开展，也能协助区内学校开展职业启蒙教育。这种"菜单式"模块化职业启蒙课程满足不同学校的需求，可操作性强，效果明显，受到多方好评。课程体系如下表：

职业启蒙课程体系	职业启蒙	专业认知课程	幼儿保育专业：教育戏剧体验
			幼儿保育专业：婴儿触摸
			文秘专业：社会情感技能
			文秘专业：礼仪体验
			会计事务专业：投资理财
			会计事务专业：基金投资
			会计事务专业：银行理财
			会计事务专业：股票投资
			商务英语专业：跟着英语老师做预算
			商务英语专业：中西美食菜谱DIY
			商务英语专业：荔湾一日游线路定制
			商务英语专业：好好聊天有技巧
			电子商务专业：网店经营那些事1
			电子商务专业：网店经营那些事2
			电子商务专业：电商视觉效果制作体验1
			电子商务专业：电商视觉效果制作体验2
			计算机专业：VR初体现——游戏闯关
			计算机专业：PhotoShop——岁月三友
			计算机专业：App手机编程之魔术调色板
			计算机专业：App手机编程之开发小游戏
		科技项目	世界那么大，为你留身影
			手机编程
			树莓派
			机器人

（续表）

职业启蒙课程体系	职业素养	职业社团活动	玩游戏学英语
			投资小超人
			手机编程
			摇指成趣——手工帮
			小视频制作
		生涯唤醒	寻找适合自己的舞台
		自我探索	认识自我
		职业素质	团队建设
			我行！我来！
		职业拓展	每个人都不一样
			新团队新征程
			雷阵（突破定性思维）

（二）发挥职业教育优势，开展形式多样的职业启蒙教育

学校发挥场室优势、师资优势、课程优势，根据初中学校需求，开展各种形式的职业启蒙教育，如"走出去，请进来"等形式。

1. 骨干教师送课到校

学校选派骨干教师深入初中学校，进行精彩纷呈的职业启蒙课程送课活动，包括课程体验和专题讲座，让学生和家长通过职业课程，认识职业教育。近三年送职业启蒙课程课到校约200节，职业生涯专题讲座数十场，接受课程人数近7000人次，让学生了解职业学校如何进行教学，各专业学习的技能。通过送课活动，帮助探索职业发展兴趣，谋求人生发展方向，关注自己的兴趣与能力，理性思考求学与就业的关系，学生也树立了明确的发展目标，不再迷茫。

2. 师生送科技展技能

学校每年派出计算机专业、电子商务专业老师及多名学生参加区内学校科技节，近三年送技能展示共20多场，包括真光中学、陈嘉庚纪念学校、东漖中学、双桥学校、花地中学等学校科技节，让学生近距离与我校老师、同学互动，感受科技的魅力。计算机专业同学以科技引领未来，手机编程、树莓派、机器人、智能家居等科技出现在科技节，让同学们体验科技的魅力，吸引了众多学生积极参与。手机编程团队带领同学用App Inventor工具为自己开发一款充满个性的手机指南针应用，通过手机轻松确定方位。树莓派创客社团由一群热爱计算机信息技术、热衷于探索计算机知识海洋的同学组成，现场展示了如何运用树莓派技术进行程序编写实现数据交换功能。电子商务专业团队带来了"世界那么大，为你留身影"为主题的人像拍摄与后期制作技能现场展示，带领师生们到世界各地留影，一起来体验PS的魅力。

3. 请进来，体验职业课程

学校充分发挥实训场室优势，把初三中学生请进来学校，让他们体验职业课程，感受不同专业课程，了解自己的兴趣爱好。同学们纷纷感叹职业教育设备的先进，课程形式丰富，尤其是实训课程，让自己动起来。把学生请到校企合作基地，直观工作场景，学生们通过看、听、记、动手操作等形式真正走进企业，了解工作流程、生产模式、管理理念、企业特征，开阔了视野，增长了见识，把校企合作基地与劳动教育紧密连接在一起，让学生感受与课堂截然不同的工作环境，体会普通人的日常劳动，践行工匠精神。

4. 开放日走进校园见证成长

每年的5月学校举行一次大型开放日，面向学生、家长、社区居民开展职业体验观摩活动和校企合作成果展示活动及校园文化展示活动。每年有上千同学、家长走进校园，参观教育教学成果展、观摩学生才艺表演、各专业现场技能展示，聆听各行各业毕业生分享在工作、学习及发展情况，从多角度认识和感受职业教育，促进学生发现职业教育乐趣，感受现代职业教育特色和魅力，激发学生尊重劳动，崇尚技术技能，弘扬工匠精神，增强职业意识，从而进行职业启蒙教育。

四 普职融通劳动教育新模式实施取得成效

（一）助力中小学开展劳动和职业启蒙教育的实施

我校联合初中学校开展劳动和职业启蒙教育后，帮助区内初中学校更好地开展劳动教育，并受到中学生的广泛欢迎。通过职业启蒙课程体验，了解了职业所要具备的技能和素养，培养了与职业生涯规划有关的兴趣和能力；通过职业素养课程体验，更好地认识自我，结合自己的特点进行分析，寻找适合自己的成长道路，培养了团队合作精神，学生学会关心他人，学会分享，学会合作，学会把自己的劳动成果分享给别人，从而培养团队精神。

（二）社会对职业认同度提高

近三年在区内学校开展职业启蒙教育，送职业启蒙课程课到校约150节，学生到校体验职业课程课约200节，面向学生和家长的职业生涯规划专题讲座近百场，送技能展示共20多场，受益人数上万人次。区内初中毕业生及家长改变了观念，对职业教育认可度提高了，学校办学也得到社会认可，2022年在校生人数超过1800人，含约20%外来工子弟，在校生人数是2019年的两倍，成效明显。

（三）为企业输送大量应用型技能人才

学生学习目标明确，热爱职业教育，致力提高技能，学有所成，为区域经济发展培养了高素质的应用型技能人才。近几年学校升学就业率100%，用人单位对毕业生满意度超过90%，学校培养了大批技术型人才，为区域内企业输送了一批优质毕业生。

参考文献

[1] 王蕾，许欣，李淑姣.推进普职融通　赋能中小学劳动教育[J].成才，2022（06）：14-17.

[2] 石鹏，王刚.新时代背景下初中劳动教育"普职融通"模块化课程教学改革实践研究[J].广西教育，2022（01）：4-7.

[3] 中华人民共和国中央人民政府．国家职业教育改革实施方案 [EB/OL].（2019-02-13）.http://www.gov.cn/zhengce/content/2019- 02/13/content_5365341.htm.

[4] 中华人民共和国中央人民政府．关于推动现代职业教育高质量发展的意见[EB/OL].（2021-10-12）.http://www.gov.cn/zhengce/2021-10/12/content_5642120.htm.

[5] [5]中华人民共和国教育部．大中小学劳动教育指导纲要（试行）[EB/OL].（2020-07-09）.http://www.moe.gov.cn/srcsite/A26/jcj_kcjcgh/202007/t20200715_472808.html.

劳动铸就梦想　奋斗开创未来

——广州市纺织服装职业学校积极探索
劳动教育新模式

广州市纺织服装职业学校　王哲　葛新胜

摘　要　劳动教育是新时代党对教育的新要求，是中国特色社会主义教育制度的重要内容，是全面发展教育体系的重要组成部分，广州市纺织服装职业学校面向真实的生活世界和职业世界，引导学生以动手实践为主要方式，在认识世界的基础上，获得有积极意义的价值体验，学会建设世界，塑造自己，实现树德、增智、强体、育美的目的。

关键词　中职学生；劳动教育；三全育人

劳动创造幸福，实干成就伟业。近年来，广州市纺织服装职业学校学习贯彻习近平总书记关于劳动教育重要论述，认真落实广东省教育厅，《广州市教育局关于印发2022年广州市学校体育、卫生、艺术、国防与劳动教育工作要点的通知》要求，全面梳理《广州市推进大中小学新时代劳动教育三年行动方案》，大力弘扬劳模精神、劳动精神、工匠精神，坚持将劳动教育贯穿人才培养全过程，在培养学生专业技能的同时，注重学生综合能力的提升，采取"请进来"与"走出去"相结合的方式，充分发挥"三全育人"功能，积极探索劳动教育模式，以劳动教育涵养学生的劳动精神职业道德。

一 劳动教育的实施背景

"劳动最光荣、劳动最崇高、劳动最伟大、劳动最美丽。"党的十八大以来，习近平总书记多次礼赞劳动创造，讴歌劳模精神、劳动精神、工匠精神，勉励广大劳动者勤于创造、勇于奋斗。2018年9月召开的全国教育大会上，习近平总书记发表了重要讲话，提出社会主义教育要培养德智体美劳全面发展的社会主义建设者和接班人，并对我国教育方针作了全面阐述。习近平总书记在教育方针中重提劳动教育，丰富了教育方针的内涵，使教育方针育人的目标更加全面。他指出，"要在学生中弘扬劳动精神，教育引导学生崇尚劳动、尊重劳动，懂得劳动最光荣、劳动最崇高、劳动最伟大、劳动最美丽的道理，长大后能够辛勤劳动、诚实劳动、创造性劳动"。这对学生的全面发展具有重大意义。

2023年4月30日，在"五一"国际劳动节到来之际，中共中央总书记、国家主席、中央军委主席习近平代表党中央，向全国广大劳动群众致以节日的祝贺和诚挚的慰问。习近平总书记强调，今年是全面贯彻党的二十大精神的开局之年，是实施"十四五"规划承前启后的关键之年。希望广大劳动群众大力弘扬劳模精神、劳动精神、工匠精神，诚实劳动、勤勉工作，锐意创新、敢为人先，依靠劳动创造扎实推进中国式现代化，在强国建设、民族复兴的新征程上充分发挥主力军作用。各级党委和政府要充分激发广大劳动群众的劳动热情和创新创造活力，切实保障广大劳动群众合法权益，用心帮助广大劳动群众排忧解难，推动全社会进一步形成崇尚劳动、尊重劳动者的良好氛围。

为深入贯彻习近平总书记关于教育的重要论述，全面贯彻党的教育方针，落实《中共中央 国务院关于全面加强新时代大中小学劳动教育的意见》，加快构建德智体美劳全面培养的教育体系，从2020年7月起，教育部印发《大中小学劳动教育指导纲要（试行）》，主要面向学校，重点针对劳动教育是什么、教什么、怎么教等问题，细化有关要求，加强专业指导。

劳动是一切幸福的源泉。2021年5月11日上午，广州市大中小学2021年"学校劳动周"启动仪式在增城区高级中学举行，本次由广州市教育局主办的"学校劳动周"活动是深入贯彻落实《中共中央 国务院关于全面加强新时代大中小学劳动教育的意见》等文件精神，推进《广州市推进大中小学新时代劳动教育三年行动方案（2021—2023年）》落地实施，对于推动全市各学校进一步丰富劳动教育形式、全面提高广州市学生劳动素养具有重要意义，进一步明确了广州市推进大中小学新时代劳动教育的工作目标和工作措施。

二 劳动教育的主要目标

劳动教育主要目标和内容：准确把握社会主义建设者和接班人的劳动精神面貌、劳动价值取向和劳动技能水平的培养要求，全面提高学生劳动素养，使学生树立正确的劳动观念、具有必备的劳动能力、培育积极的劳动精神、养成良好的劳动习惯和品质。

劳动教育主要包括日常生活劳动、生产劳动和服务性劳动中的知识、技能与价值观。日常生活劳动教育立足学生个人生活事务处理，结合开展新时代校园爱国卫生运动，注重生活能力和良好卫生习惯培养，树立自立自强意识。生产劳动教育要让学生在工农业生产过程中直接经历物质财富的创造过程，体验从简单劳动、原始劳动向复杂劳动、创造性劳动的发展过程，学会使用工具，掌握相关技术，感受劳动创造价值，增强产品质量意识，体会平凡劳动中的伟大。服务性劳动教育让学生利用知识、技能等为他人和社会提供服务，在服务性岗位上见习实习，树立服务意识，实践服务技能；在公益劳动、志愿服务中强化社会责任感。

劳动可以树德、增智、强体、育美，具有综合育人价值。劳动教育是新时期党对教育的新要求，是中国特色社会主义教育制度的重要内容。加强劳动教育，关系到青少年全面发展、健康成长，关系到国民综合素质的提升，关系到党和国家事业兴旺发达，对培育和践行社会主义核心价值观，传承和弘扬中华民族优良传统，培养担当民族复兴大任的时代新人，具有重大意义。切实抓好劳动教育是当前和今后一个时期教育工作的重要任务。

三 劳动教育的实施过程

本人采取问卷调查、谈心交流、电话家访等方式，了解到因个人、家庭、学校对劳动教育引导不够细致全面，存在部分学生好"面子"、"轻"劳动、理论多、实践少等情况。

广州市纺织服装职业学校认真按照《广州市推进大中小学新时代劳动教育三年行动方案（2021—2023年）》要求，结合自身实际，突出劳动教育重点，组织学生实实在在地劳动，以体力劳动为主，让学生在劳动中出力流汗，坚持日常生活自理，定期在校园、家庭、农村劳动，到社会参加义务劳动，完成一定劳动任务。让学生在劳动中接受锻炼，磨炼意志，强化责任担当，切切实实地感受、体会到最光荣、最崇高、最伟大、最美丽的劳动价值，进而尊重劳动、热爱劳动、崇尚劳动。

四 劳动教育的成果成效

（一）政府引领助推劳动教育开拓新局面

广州市纺织服装职业学校认真贯彻落实《中共中央 国务院关于全面加强新时代大中小学劳动经教育的意见》等文件精神，结合由广东省农业农村厅指导，广州市农业农村局、广州市教育局等单位主办的"广州城市小菜园"工程在花城广场举行的启动仪式，学校师生采取"线上+线下"咨询农林专家、领取种子肥料、请教种植方法。与此同时，学校组织学生参观劳动实践基地、设置劳动教育必修课、打造特色实践基地，并充分发挥花都校区地处现代新农村的区位地理优势、城乡接合的自然资源优势、周边丰富的社会资源优势以及独具特色的岭南文化优势，科学整合劳动教育资源，拓宽劳动教育载体，完善劳动教育评价，优化劳动教育模式。学校在落实《广州市推进大中小学新时代劳动教育三年行动方案（2021—2023年）》关于"设定每年五一劳动节后一周为学校劳动周"工作要求的同时，通过政府驱动、课程推动、活动联动，落实育人模式、课程建设、组织活动、资源整合，力争打造学校有特色、班班有亮点、人人有特点的劳动教育成果。

（二）参观见学助推劳动教育创新发展

广州市纺织服装职业学校（花都校区）地处花都区赤坭镇蓝田村，校区周边为新农村核心区，主要以农业、园林、养殖为主，花都校区先后6次组织师生前往武警某部、市第五资源热力电厂生态环境科普教育基地、竹洞村、绿沃川等地参观见学。在市第五资源热力电厂生态环境科普教育基地参观时，现场采用沉浸式悬浮影厅、沙盘模型、AR多媒体设备等数字化手段，给大家带来了全新的视听体验。解析垃圾分类投篮体验机、互动装置墙、沉浸式悬浮影厅等科普展示项目，营造了现代化科技体验式科普宣教氛围，以新颖的形式宣传垃圾分类和低碳生活理念。师生们意识到"焚烧为主、生化为辅、循环利用"的城市生活垃圾处理新格局，提高了爱护环境的意识和正确分类垃圾的能力，让绿色低碳理念深入人心，为建设生态环境保护大格局贡献力量。

与此同时，结合植树节、学雷锋纪念日、五一劳动节、农民丰收节、志愿者日等，开展丰富多彩的劳动主题教育，培育崇尚劳动的校风、教风和学风，分享劳动中的趣闻趣事，让"四个最"的劳动价值观深入人心。

（三）教材培训助推劳动教育必修课有声有色

广州市纺织服装职业学校积极开设劳动教育必修课，以《劳动教育》（中职）为课程指引，严格落实中小学职业院校劳动课时的要求，结合中职学生成长规律和教育发展规律，科学设计劳动教育的课程内容，每周开设不少于1课时劳动教育课程，由班主任组织实施。围绕"劳动意义我学习""劳动观念我树立""劳动技能我掌握""劳动实践我参加""劳动体验我成长"等内容，共12课时，每课设有"领航灯""知识窗""案例库""拓展坊"等，使整个教学内容丰富、形式新颖、时代性、职教性、针对性和实效性强，同时，把劳动教育纳入教育督导的内容，对学生劳动实践组织的有序性、教学指导的针对性、保障措施的有效性等方面进行督查指导，扎实推进劳动教育课有序落实。

（四）创建种植园助推劳动教育实践课落地生根

自有"小菜园"，校园会更"甜"。广州市纺织服装职业学校（花都校区）充分借鉴广东省农业农村厅指导，广州市农业农村局、广州市教育局、广州市科学技术主办的"城市小菜园"工程的同时，积极主动到学校周边新农村、园林基地、高科技农业种植园参观学习，并结合自身实际，因地制宜，开荒面积400余平方米，创建学校智慧种植园。

　　除草翻地、种植菜苗、喷洒浇灌……学校智慧种植园中一派热闹快乐的氛围。大家把双脚踏进泥土，用双手植树、种菜，体验劳作的乐趣，把习近平生态文明思想领悟在内心，贯彻在行动上。学校利用校园适宜空间创建学校智慧种植园，科学统筹、划地到班，陆续种植出十余种蔬菜。师生走出教室，离开书本，在自然中劳作，在生态中探究，培养劳动观念，锻炼意志品质，静享"绿色学校"惬意时光。

（五）创建"智慧林"助推劳动教育实践课落到实处

　　植树造林抚绿意，荫荫处处树栋梁。近年来，广州市纺织服装职业学校（花都校区）结合校区实际，划分区域创建"智慧林"，组织全校学生栽种树苗，先后栽种桃树、玉兰树、黄花风铃等共200余棵。

　　2022年4月13日下午，广州市纺织服装职业学校（花都校区）在"智慧林"组织"贡献力量、奉献绿色、收获希望"的生态文明暨劳动教育活动。现场气氛热烈，在校园的绿地上，两两组队，相互协作，挥汗奋战，干劲十足，有的拔草去杂、有的挥锹挖坑、有的扶直苗木、有的培土围堰、有的提水浇灌，一棵棵新苗迎风挺立，错落有致，将校园点缀得春意盎然。

　　一锹土，种下的既是树苗，也是生态文明的希望；一桶水，浇灌的既是土壤，也是美丽中国的梦想。活动种下的是小树苗，埋下的是师生们爱护学校，保护环境，树立生态文明理念的种子。

（六）开设劳动教育特色课程助推劳动教育实践有序推进

　　只有劳动，才能创造出美好的生活。目前，广州市纺织服装职业学校（花都校区）结合班级人数进行合理划分并制定责任区域图标，分发劳动工具，班主任监督跟查，学生按时按质完成清扫落叶、清除杂草、清理垃圾等劳动任务，让学生在动手操作的实践中，体验劳动的光荣和乐趣，从而培养学生的综

合素质和能力，为创造更加美好的幸福生活、更好地服务社会积蓄能量。

与此同时，广州市纺织服装职业学校（花都校区）结合自身实际先后开设国学茶艺社、服装基础、美化校园等特色课，致力于通过特色课程，扎实推动劳动与学科的教学融合，打造劳育与德智体美育紧密结合的劳动课程群，培养学生干一行、爱一行、钻一行的敬业精神，养成吃苦耐劳、团结合作、严谨细致的态度，形成以劳树德、以劳增智、以劳强体、以劳育美的课程体系。

（七）开展家庭劳动助推劳动教育实践取得实效

劳动教育是新时代党对教育的新要求，是中国特色社会主义教育制度的重要内容，是全面发展教育体系的重要内容。《中共中央　国务院关于全面加强新时代大中小学劳动教育的意见》强调："家庭要发挥在劳动教育中的基础作用"。与此同时，教育部正式印发《义务教育课程方案》，并发布《义务教育劳动课程标准（2022年版）》。

开展劳动教育，需要家校共同发力，学校是主导，家庭作基础。广州市纺织服装职业学校（花都校区）以布置家庭作业形式，组织全校学生每月不少于1次家庭劳动。

从书房到厨房，从云端到现实，从洗菜择菜到切炒蒸煮，有的学生甚至还学习设计食谱、了解烹饪方法与食物营养的关系。不同的生活场景切换使劳动教育落地生根。居家线上教学期间，学校从生活实际出发，遴选出各年级学生需要掌握的家务劳动主题，其中涵盖了劳动课程标准中"烹饪与营养"任务群的课程设计。从一粥一饭、衣食住行出发，点滴生活中的劳动教育可以汇成润物无声的涓涓细流。

父母是孩子的第一任老师，家庭是孩子的第一个课堂。劳动教育的开展离不开家庭潜移默化的培养，除了注重日常生活的言传身教，家长还鼓励孩子自觉参与、自己动手，在与学校协同指导孩子劳动实践中见证孩子成长。

开展家庭劳动教育，根本特质是动手实践，理想路径是融于生活，进阶发展是职业体验，发展方向是创新实践。让学生通过家庭劳动了解懂得生产技术、掌握劳动知识、学会家务劳动、生产劳动、社会工艺劳动、自我服务劳动等方面的技能，培养学生具备生活的自理能力、生活的学习能力和创作创新能力，培养学生形成劳动素养。

（八）发挥专业特色助推劳动教育走进新农村

2021年4月2日，广州市纺织服装职业学校第五支部在支部书记陈天勋同志组织下，结合支部党员的专业特点和所关联的时尚产品设计、纺织品设计等专业教研教改拓展的需要，前往增城区新塘镇瓜岭村开展以"传承红色基因、感受新农村，创新发展非遗文化、奋起共圆技能强国梦"为主题的党建活动。学校通过城乡结对，鼓励师生到农村开展实践活动，丰富劳动实践的内容和线路，促进各级劳动教育资源互动互联，整合劳动教育资源，打造劳动教育品牌，完善劳动教育评价、优化劳动教育模式，努力把学校劳动教育打造成示范标杆。

五　劳动教育的体会与思考

中职学生正处于"拔节孕穗期"，心智逐渐健全，思维进入最活跃的状态，少部分学生存在着轻视劳动的不良倾向。从根本上讲，劳动教育就是要在全社会创造浓厚的劳动文化，激发青少年学生热爱劳动的内生动力，教育引导他们学会劳动、学会勤俭、学会感恩、学会助人，立志成长为德智体美劳全面发展的社会主义建设者和接班人。

强化劳动教育有利于学生形成正确的价值观念，对于引导学生践行社会主义核心价值观具有重要意义。通过劳动教育，让学生们热爱劳动、尊重劳动，尊重每一位劳动者，使他们真正认识到劳动是财富的源泉，让学生们自觉将日常生活与理想追求紧密结合，在劳动创造中实现远大理想和个人目标，树立依靠辛勤劳动、诚实劳动，以劳动获取财富、实现人生价值的正确思想观念。

当前，广州市纺织服装职业学校致力于通过劳动教育实践让学生在劳动中理解劳动精神、劳模精神、工匠精神，形成辛勤劳动、诚实劳动、创新劳动的品质，自觉的热爱劳动、尊重劳动，培养形成积极健康的劳动态度，劳动习惯和劳动观念，在劳动实践当中学会追求幸福感，获取创新的灵感。

"非遗"融创开新局，劳动教育展新篇

——广州市信息技术职业学校非遗融创团队劳动教育案例

广州市信息技术职业学校　　庄静

摘　要　在国家提倡"劳动教育""双创"及"文化强国"的新时代背景下，秉持劳动育人的理念，学校师生团队积极参与实践劳动，通过课堂教学、主题活动、基地实践，营造"协同育人"环境，积极探索具有校本特色的劳动教育模式，创新体制机制，在学科中弘扬劳动精神，在校内外拓展劳动教育资源，注重教育实效，实现知行合一，打开了劳动教育新局面，取得了丰厚成果。

关键词　师生团队；非遗融创；劳动教育；服务地域

实施背景

党和国家高度重视学生劳动教育，2018年9月10日，习近平总书记在全国教育大会上强调，要努力构建德智体美劳全面培养的教育体系，形成更高水平的人才培养体系。2019年后，广东省教育厅、广州市教育局先后印发关于推进劳动教育的

文件。我校是中华优秀传统文化的传承创新教育试点学校，于2021年6月被认定为广州市非物质文化遗产传承基地。我校师生团队以基地为依托，积极开展"非遗融创"的新实践，突出我校在信息技术专业上的优势，不断开发出体现我校专业办学特色的"非遗融创"项目，让岭南非遗以创新的面貌服务社区、服务群众、服务学生、服务企业，在实践中提升学生劳动素养。

二 主要做法

（一）与省非遗项目传承人企业建立校企合作实践基地，开展校内外劳动实践活动

我校作为中华优秀传统文化的传承创新教育试点学校，老师到永庆坊非遗街区采风，将广府饼印制作技艺省级代表性传承人余兆基先生"请进来"，给同学们介绍省非遗饼印文化的前世今生，并与广州市余同号木制工艺品有限公司建立了"校企合作实践活动基地"；在"饼印"文化讲座中，余先生与同学们分享了"饼印"的发展历史、"饼印"制作技艺等"饼印"文化故事。讲座座无虚席，同学们都听得津津有味，开始对"饼印"文化充满了兴趣。在"'饼印'画样指导与创作体验"和"'饼印'雕刻指导与创作体验"活动上，余师傅亲自演示了"饼印"的画样、雕刻等工匠技艺，现场指导了同学们学习制作"饼印"。同学们还使用了自己制作的饼印作品进行了蒸饼试食。同学们在品尝蒸饼这种广府传统美食的同时，领略到了"饼印"制作文化独特的魅力，进一步对广府优秀传统文化有了更深刻的认识。非遗师傅精湛的技艺和几十年的匠心

专注，对学生起到了很好的教育作用，工匠精神得以传承。

校内活动之后，学校师生团队"走出去"，走进永庆坊非遗街区，举办"最牛一家"省非遗饼印文化亲子体验活动。

由教师和学生社团骨干组成的团队，积极开展"非遗融创"的新实践，突出我校在信息技术专业上的优势，使省非遗广州饼印制作技艺以全新的面貌，走出校园，走出百年老店，走进社区群众中，走进特殊学校的学生中，走进少年儿童的综合活动实践课中……开展活动17场，过百人次通过活动，了解了广州饼印制作技艺的文化发展脉络。

2021年2月师生团队在广州媒体港参加迎春文化集市活动

（二）开发校内"非遗专创"课程，融入职业生涯指导和劳动教育

2021学年第二学期，我校非遗基地建设团队开发的"非遗专创"课程，在19软媒1班等9个班中开设专业课。这是广州市职业学校中首个以非遗文化为主题，以"双创"为特色的就

业与创业指导课。该课程以"非遗"立德树人，帮助学生牢固树立文化自信心、专业认同感和职业自豪感；以"专创"（专业融创）提升人才培养质量，引导学生培养结合专业技能传承非遗文化的创新思维能力，同时为日后成为崇尚劳动、热爱劳动、辛勤劳动、诚实劳动的高素质劳动者做准备。

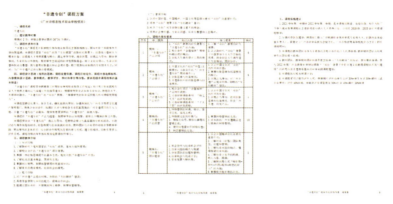

校本"非遗专创"就业与创业指导课 课程方案

（三）研发了"广州非遗·学科融创"研学实践活动系列课，辐射小学，开展劳动教育职业启蒙

2021至2022年，由教师和学生社团骨干组成的团队，深挖非遗广州饼印文化与小学各学科之间的关系，面向小学一至三年级学生研发了集非遗传播、学科融合、职业启蒙于一体的"广州非遗·学科融创"研学实践活动系列课。

例如"寿桃饼印贺长寿"一课中，"非遗融创"研学团队的庄静老师化身研学导师，带着小学生们了解寿桃饼印中"寿"字字形的演变，观看名著片段，听讲寿桃典故，明白了桃子跟祝寿之间的关系，潜移默化地融通了文字学和民俗历史学的知识，再利用PPT功能，四步完成姓名反写，培养小学生的信息技术素养。又如吴靖华研学导师的"饼印图案面对面"中，向小学生们介绍了拓印的方法，印饼、覆纸、扫蜡，步骤不多，但要拓出清晰的图案来，是很考手上功夫的，既要扶稳宣纸，擦蜡又要手轻。小学生们个个平心静气，不知不觉中训练了手眼协调的能力。再如陈妍老师的"从印饼到物体形变"一课中，通过用太空沙印饼，观察、思考力度大小和太空沙发生形变的关系，引导学生明白物体只要相互接触的同时又受力，就有形变产生。当拓展到感受不同物体的形变时，小学生们都能积极举手回答自己的思考了——物体形变，除了跟力的大小有关外，还跟材质的软硬程度有关。

三 成果成效

我校教研工作成绩喜人，广州市教育科学规划2018年度课题《中职学校学科融合在学生社团创客实践活动中的创新研究》以"优秀"结题，广州市教育科学规划2021年度课题《"双创"背景下中职非遗文化融通课程的开发与建设》通过立项，《中职学校学科融合在师生创客实践活动中的创新研究》入库2022年广州市教育局基础教育、职业教育教学成果项目；多篇论文公开发表。

"广州非遗·学科融创"系列课，严格执行教育部印发的《中小学综合实践活动课程指导纲要》，以广州非遗为抓手，符合传承优秀传统文化的课程思政要求，鲜明的学科融创教学设计，帮助学生在活动中将各学科的知识、技能融会贯通，让学生找到自己的特长，综合素养得到提升，在动手操作和体验中接受了职业启蒙教育。已举办的6场体验活动（约合20节课），广受学生的欢迎和家长的好评。

开设面向小学生的"广州非遗·学科融创"研学实践活动系列课

积极探索新领域，深化特色劳动教育实践 打造劳动教育新模式

广州市信息技术职业学校　丘红星

广州市信息技术职业学校深入贯彻习近平总书记关于教育的重要论述，落实《中共中央 国务院关于全面加强新时代大中小学劳动教育的意见》《中共中央办公厅、国务院办公厅关于推动现代职业教育高质量发展的意见》。根据教育部《大中小学劳动教育指导纲要（试行）》，结合学校"一芯三色"的德育体系，充分挖掘行业企业、专业特色等可利用资源，有效发挥课程教学、社会实践、校园文化、就业指导、创新融合、家校联动的劳动育人功能。尤其要注重将劳动教育融入专业教育，注重新兴技术支撑和社会服务新变化，通过产教融合，协同育人，培养工匠精神，改进劳动教育方式，全力打造学校劳动教育新模式。

一　打造以工匠精神为核心的劳动教育课程阵地

学校致力培育具有工匠精神的师资队伍，打造工匠教师团体。引进企业优秀人才、行业工匠，以优秀劳动者作为引领，打造工匠教师团体，形成全员、全程、全方位劳动育人的理念

以及全领域、全时空、全维度的劳动育人机制，构建"基础课+专业课+实践课"的劳动教育必修课程体系。为进一步弘扬中华优秀传统文化，增强同学们对非物质文化遗产的保护意识，传承中华文化基因，坚定文化自信，致力开发集非遗传播、学科融合、社团活动、职业启蒙于一体的研学实践活动系列课程，培养了学生对中华优秀传统文化的兴趣，增强了学生的民族自尊心和自豪感。坚持文化素养培育与思想政治教育、专业技术技能培养有机融合，展现了学校应用型人才培养的优势特色。结合学生专业实际，根据专业岗位能力素质要求、职业发展需求和教学计划安排，分层分类，有序组织学校科技节暨学生技能竞赛活动，从专业知识与技能、职业技能实操、科技创新与应用、传承红色经典、绿色校园等方面实施，充分展现了学生职业技能风采，营造爱科学、爱劳动、崇尚技能、创造绿色校园的文化氛围。

二　不断拓展校内外劳动实践场所，满足学校多样化劳动实践需求

学校积极整合校内外资源，努力实现以专业群建立校内外劳动教育实践基地，结合专业知识识岗、习岗、顶岗等教学实践活动，满足不同专业学生多样化劳动实践需求，增强学生对劳动的体验感受和认知理解。充分利用现有条件，采用不同形式，选择不同内容，让学生体验劳动的乐趣，提高学生劳动的积极性。

一是利用学校的土地资源，开辟学生劳动教育种植园，作

为对学生劳动技术教育和劳动观念教育的重要阵地。让学校劳动教育课程持续开展，丰富学生劳动教育课程的内容，劳动教育课程更具知识性、趣味性。劳动实践种植园开放后通过一系列的种植劳动实践活动，使学生有目的、有计划、有步骤地观察周围的事物和农业生产的过程。使学生的劳动技能和动手实践能力得到提高，从而培养学生正确的劳动情感、态度和价值观，增强学生的创新实践能力。学校的劳动实践种植园真正成为学生们感受劳动之美的天然科普基地。

二是与广州市中学生劳动技术学校、神农百草堂共建劳动教育实践基地。通过劳动教育基地的共建合作，进一步加强学生劳动教育工作，增强学生的职业体验发展。学校作为广东省信息技术类方面的学校，将在智能控制、网络工程、通信技术、电子信息、媒体艺术等方面通过广州市中学生劳动技术学校，面对广州市的初高中学生提供相关体验课程，将其融入到劳动教育课程之中，开展职业启蒙教育，提升学生的职业意识。学生通过相应的专业认知课程学习，进而了解不同专业所对应的职业及劳动形式，促成学生树立劳动意识。广州市中学生劳动技术学校将在传统劳动教育方面（种植类）为学生提供相关课程，推动学生的专业学习和传统劳动教育相融合，劳动教育与职业体验有机融合，让学生在专业的劳动中加强对职业的认知，强化对传统文化的认同，培养吃苦耐劳的精神，实现优势互补、资源共享。

三是学校根据《广州市建设国家产教融合型城市试点方案》，构建"一轴三区多支点"产教融合发展空间布局，深化校企双主体协同育人，推进产教融合，结合系部专业（群）建

设，依托学校省级高水平"现代通信技术应用"专业群和省级双精准示范专业"计算机网络技术"等优势特色专业，聚焦技术技能人才培养需要，与企业共建产教融合型信息技术应用创新产业实践培训基地——广州市信息技术职业学校信创产业学院，相关企业与学校网络工程教学系共同筹划编写中职首本实用性"信创"教材《信创电脑安装与技术应用》，从而引导学生在服务社会的劳动实践中提升认识、增长才干，培养德智体美劳全面发展的新时代中职学生。

三 广泛开展日常生活劳动教育，加强学生日常生活劳动教育

一是以班级劳动周的形式，组织学生做好校园、课室、宿舍卫生保洁。独立处理个人生活事务，积极参加勤工助学活动，提高劳动自立自强能力。组织学生开展绿化养护种植、校园卫生、教室清洁、实验室维护、文明寝室建设等劳动锻炼，培养学生掌握日常生活劳动技能，养成良好行为习惯，助力推动校园文明建设。

二是家校联动，劳动提升育人质量。以家庭教育为载体，学生回归家庭开展清洁、美化、烹饪等的家务劳动活动，在孝道文化中传承劳动精神，培养学生掌握日常生活劳动技能和形成良好行为习惯。通过对学生家长进行劳动教育重要性的宣传，引导家长认识劳动对培养学生优秀的思想品质、养成良好行为习惯的作用，使家长能积极主动配合各项校内外教育活动。

三是志愿服务作为劳动实践活动的一种形式，以劳育大

力推行志愿服务。实践表明志愿服务活动不仅可以强化青少年的社会责任感，培育学生的公共服务意识、爱国情怀，还能与劳动教育互促互进、相得益彰，充分发挥学生的热情和专业知识，通过形式多样的志愿服务活动，使学生在参与中体验劳动的意义和价值，获得成就感和自信心。

学校在实施劳动实践教育中充分体现"教师主导，学生主体"和"做中学"等职教特点，不断丰富劳动教育内容、创新载体、突出职教特色、强化实践育人，推进劳动育人常态化、规范化、系统化，将劳动教育与课程教学、学生管理、职业指导、创建文明校园相结合，在日常开展生活劳动、生产性劳动、服务性劳动的过程中，融入大湾区域和学校特色，形成高质量的劳动教育新模式。

通过劳动教育提升自闭症儿童康复水平的个案研究

广州市荔湾区外语职业高级中学　张燕芳

摘　要　本文以自闭症儿童妍妍为案例，基于了解自闭症儿童学习的困难和生活自理能力缺失的情况下，提出其在能力培养过程中出现的问题及原因，从劳动教育对自闭症儿童智力提升、言语发展、缺陷补偿这几方面进行探讨，从课堂教学、学生康复、家校合作等层面入手，探析以劳动教育来提升自闭症儿童的生活自理能力的对策。

关键词　劳动教育；自闭症儿童；生活化教育；潜能开发

一　背景介绍

在2022年的全国教育大会上，习近平总书记特别强调新时代我国的教育要"培养德智体美劳全面发展的社会主义事业建设者和接班人""要在学生中弘扬劳动精神，教育引导学生崇尚劳动、尊重劳动，懂得劳动最光荣、劳动最崇高、劳动最伟大、劳动最美丽的道理，长大后能够辛勤劳动、诚实劳动、创造性劳动"。那么，作为特殊儿童，劳动教育对他们能够适应社会，今后自立于或者半自立于社会有着至关重要的意义。劳动教育就是一种生活教育，而且是一种最好的生活教育，孩子在尝试各种劳动的过程中获得一定的生活体验，以及从劳动中获得生活的乐趣。培养一种现代新生活的态度与方式，既是当下生活的需要，也是未来生存的需要，更是让其生命更好地发展的需要。这也就恰恰符合特殊教育的育人目标，特殊教育就是要培养特需儿童能够通过学校的教育，最终回归主流社会，适应社会，服务于社会。

基于此，本研究以一名自闭症儿童为例，采用"劳动教育+康复"的教学设计，对其进行诊断与评估，明确功能缺陷、潜能开发和个体需要，探寻有针对性的劳动教育策略并实施有效教学，进一步提高其社会生活能力。

▤ 案例描述

（一）研究对象

本研究的对象是本班的一名自闭症学生，名叫妍妍，女，入学时17岁，3岁时经中山大学附属第三医院儿童行为发育中心确诊为中重度自闭症患儿。经过调查、家访，根据研究目的和个案的基本情况，笔者对个案进行了初步评估。评估的主要目的是判断儿童功能障碍失常情况，初步了解和判断优弱势、潜能与障碍。

（二）个案成长史

笔者通过与妍妍的监护人其母亲进行访谈了解。妍妍出生

于2004年3月，母亲孕期正常，足月出生，出生时无异常。无家族病史，家中独女。母亲怀孕前期至孕期9月，在第二公共汽车公司从事后勤保障工作，父亲则为第二公共汽车公司司机。出生后8个月能坐，11个月会爬，1岁2个月能走，3岁前无语言，确诊后送专门机构进行康复训练时，才咿咿呀呀学语。因无语言、注意力严重缺失、不听从指令及较多的行为问题，无法入读幼儿园。6岁至15岁在特殊教育学校就读，在校期间各项常规均较差，课堂上难以安坐，也难以参与课堂教学，时常自伤，生理期不能自理。从特殊教育学校毕业后，居家训练两年，居家训练期间，因父母需要上班及家中有长期老人病患需要照顾而疏于对妍妍的干预及教育。妍妍于2021年9月入读我校并成为笔者的任教班级的学生。

（三）个案学习及行为情况

在认知方面，对各种事物物理量的认识不足，缺乏专注力，能区分常见的颜色，但对常见的颜色无法进行正确命名；语言和言语方面，语言发育迟缓，没有主动表达意愿，且表达不清，鹦鹉学舌，在模仿时缺乏流畅性，能清晰说出单个字；情绪行为方面，与别人交往时，固执倔强，有时不服从和不愿按照他人要求完成指令，当她不愿意交流时，喜欢逃离或生气地大声吼叫并伴随剧烈的身体摇晃，严重时会出现自伤行为，例如撞墙、使劲捶打头部。

从当今世界对自闭症病因的研究，结合搜集到的妍妍的资料来分析，无法确认妍妍的病因；智力低下，自我刺激行为较多，言语障碍，情绪障碍，其受损功能，需要进行适当的教育、训练。但受家庭干预、教育缺乏的影响，导致其有情绪行为，这些特点也为其掌握劳动技能造成较大的困难。

三 制订劳动教育计划，在劳动教育中实施康复训练

劳动教育的最终目的，是让每一个学生都成为生活的主人，拥有创造幸福生活的能力。

基于对妍妍的初期评估结果，根据她现有的能力，将重点定位以掌握劳动技能为主线，康复训练学生认知、运动、言语、沟通与交往等方面的能力，在手脑并用操作活动中改善身心功能，实现知识内化和技能的掌握，促进身心全面康复。因此，在对妍妍实施训练的过程，侧重采取游戏、体验、实践等教学方法，使她能以一种自然且快乐的情绪参与到教学中，进一步增强其生活乐趣和自信，培养形成适应社会生活能力的素养。

（一）运用视觉提示，学习劳动技能

基于自闭症儿童视觉理解优先于听觉理解这一特点，在对妍妍的授课过程中，教师利用微课、图片、实物、言语等提示，帮助学生理解和表达相关的知识内容。例如在进行"小葱炒鸡蛋"教学时，教师先是通过微课视频呈现可视化的教学画面，让妍妍把注意力集中过来，然后再分别出示小葱、鸡蛋的图片并提问，这是什么？引导妍妍说出"这是小葱，那是鸡蛋"。接着再进行知识拓展，这是什么颜色的小葱？那是什么颜色的鸡蛋？引导妍妍说出"这是绿色的小葱，那是白色的鸡蛋"。出示"绿""白"的提示卡，进行知识的强化。在洗、

切、炒的劳动实践过程中，采取游戏互动的形式让妍妍认一认、分一分绿色的小葱和白色的鸡蛋。同时，根据教学内容、妍妍的认知方式的特点及其学习进度，继续改进、完善微课视频，提升教学质量。通过视频引导，初步形成印象；模拟体验小葱炒鸡蛋过程，加深印象，形成机械记忆；进行实操，内化为个人技能；最后，家校合作，泛化技能。这样不仅能吸引妍妍的兴趣，还有助于改善其情绪行为，从而提升智力发展。

（二）把握教学机遇，提升劳动技能

对特需儿童来说，康复训练属于一项系统训练内容，与课堂教学相比难度较大，对师生双方要求较高。其中教师作为教学的组织者、设计者与实施者，需把握教学的各个环节，实施缺陷补偿和潜能开发，让劳动教育变得更富有康复价值。例如在进行"洗衣服"教学时，运用"字—词—句—扩句"的教学方法，引导学生学说简单完整的话，提高学生运用口语的灵活性。在教学"洗衣服"过程中教妍妍区分"干""湿"：先准备一盆清水、若干脏衣服、洗衣液，让妍妍把洗衣液倒入水中搅拌至溶解，把衣服放在水盆内浸湿。教师拿起一件没有碰到水的衣服说"这是干的"，同时出示"干"的提示卡；再拿出一件水中的衣服说"这是湿的"，并出示"湿"的提示卡；接着指着水盆内的衣服，问妍妍"这是干的还是湿的"，同时出示一张"湿"的提示卡并作出相应的口型，引导妍妍说出"湿"，教其说出"这件衣服是湿的"；然后让妍妍说出老师手上的衣服是干的还是湿的，并出示"干"的提示卡，引导妍妍说出"干"，教其完整说出"这件衣服是干的"。在洗衣过

程中，除了使用微课视频这些直观画面刺激妍妍的好奇心以外，还要有目的地创设与妍妍一起制作泡泡、吹泡泡、打泡泡、找泡泡、找纽扣、分类等情景游戏环节，以此来训练妍妍的注意力、手眼协调、精细动作等能力，同时提高口语表达能力。

（三）善用劳动技能，补偿生理缺陷

自闭症儿童大多数都具有感官方面的问题（器质性的或者机能型的），如听力减退、视力降低及触觉和运动感觉方面的障碍。妍妍触觉敏感，不喜欢被触碰，在进行"刷鞋子"的教学时，运用情境激趣的教学方法。播放微课视频，通过直观画面激发妍妍的好奇心，驱动她主动展开动手操作。在教学"刷鞋子"过程中，教妍妍区分"痛""软""滑"等触觉感受：用硬毛刷子刷妍妍手背，引导妍妍说出"痛"的感觉，同时出示提示卡；让妍妍抓握海绵，引导其说出"软"的感觉，出示提示卡；让妍妍抓握肥皂，引导其说出"滑"的感觉，出示提示卡。鉴于妍妍对不同触觉有喜有恶，我们也有针对性地发了不同类型的触觉游戏，如大画布、抓痒痒、小梳子、麻布刷刷等，以此来协助抑制或调节妍妍的触觉上产生的过多讯息，改善其触觉敏感的水平。

四　取得的效果

本研究在自然劳动教学情境下康复训练学生的认知、运动、言语、情绪等方面的能力，使用实践、游戏等教学法对

其进行干预。通过一年的持续跟踪，妍妍在认知、言语、沟通等方面都有很大提升，功能缺陷得到改善，潜能得以开发。认知方面：目前能认识12种以上颜色，认识一些常见的蔬菜、水果等，能用简短的句子和词语表达自己意愿，例如，我要上厕所；与他人沟通时能有效注视对方。劳动技能方面：能自己洗漱、换洗衣物，会缝补衣服裤子上的小洞，会炒简单的家常菜，生理期基本能自理。情绪控制方面，生气时能在有效的安抚下在较短时间内平静下来，剧烈摇晃身体的次数大幅减少，六个月内没有出现过自伤行为。从以上情况足以看出，妍妍认知、动手能力、言语、情绪控制等得到明显改善。

五　结语

在对自闭症儿童实施劳动教育时需要考虑以下三个方面的因素：

1. 确保劳动教育教学内容的生活化

在劳动教育课中，学生不仅要参加一些力所能及的劳动，而且要学习一些最基本的劳动技能，这些知识和技能本身对自闭症儿童适应未来的生活是十分必要的。因此，劳动教育教学内容必须生活化，且要有实用性，使自闭症儿童实现"所学即所得"，学得会，用得上，提高其生活自理能力。

2. 确保劳动教育教学策略的生活化

"生活化"学策略要求家长利用家庭环境，在家里及时地帮助孩子把学习内容进行泛化，巩固康复的成效。比如漱口技能，孩子在课堂上掌握了此技能，除了老师的教授以外，他们看到别的孩子在漱口，会主动去模仿，从而习得了此项技能。而在家里，家长就是孩子的模仿对象，一定要给孩子做好表率，对孩子的表现做好记录，逐步提高，这样家校合作无遗漏，全方位巩固孩子的康复成效。

3. 确保劳动教育教学环境的生活化

自闭症儿童存在明显的重复、刻板行为，他们不喜欢变化。因此，教师在创设教学环境的过程中要尽量创造一个稳定、与家庭环境一致的环境，经常性地变化与调整不利于自闭症儿童的适应与理解。劳动教育是一项系统性、综合性教育，需要协调发挥好学校、家庭、社会等多个主体的作用。

总而言之，劳动教育对自闭症儿童的康复水平具有重要意义。劳动教育不仅能让自闭症儿童在丰富多彩、形式多样的劳动活动中获得愉悦的身心，还能启迪学生的思维，培养动手动脑能力，点燃他们对生活热情，激发他们参与劳动、热爱劳动的意识，培养他们能劳动、会劳动的良好品质，从而促进自闭症儿童身心全面健康发展。

中职启能班劳动教育课程设计案例

——以折叠衣服为例

广州市荔湾区外语职业高级中学　阮柳娟

劳动教育已纳入人才培养全过程，在学校、家庭、社会共同努力下，对劳动的育人价值已形成一定的共识，学生、教师、家长积极支持劳动教育的氛围正在形成。中职启能班劳动教育尤为重要，根据特殊孩子特点设计劳动教育课程是当前迫切需要解决的难题。如何引导特殊孩子努力成为"好家人""好帮手""好公民"，共建和谐社会，培养孩子会劳动、爱劳动这是摆在老师面前迫切需要探讨的问题。本文以"折叠衣服"为例，进行劳动教育课程案例设计，探讨适合智障孩子最优教学策略，从而培养心智障碍学生热爱劳动的好习惯。

一　中职启能班学生特点

（一）启能班学生日常劳动情况

中职启能班是由中轻度智障学生组成，智力上的缺陷令他们学习和动手能力都非常弱，劳动教育的主要内容是让学生学习日常生活自理，感知劳动乐趣，知道人人都要劳动。在本人与家长交流中发现启能班学生大多不干家务，不爱劳动，因此独立生活能力得不到培养和锻炼。

（二）启能班学生学习特点

1. 后设认知薄弱

普通人通常是通过回忆、反思、检讨、改进不断地提升自己，而智力障碍的孩子缺乏这方面的能力，主要的原因是他们短时记忆差，刚做过的事马上就忘掉了。

2. 序列处理为主

智障学生学习上只能按部就班，依时间序列一步一步地处理事情。针对这个特点，我们教导智障学生时，应尽可能地用序列性的交代，让学生一步一步地完成事情。

二 中职启能班劳动教育主要内容

（一）劳动技能和就业意识

中职启能班学生培养方向之一是培养学生掌握简单劳动技能，成为自食其力的劳动者。因此，劳动教育必须包含职业技能和就业意识。

（二）独立生活技能

中职启能班学生培养方向之二是培养独立生活能力，练就生存技能，融入主流社会，努力促进学生能适应社会。劳动教育必须包含生活中的衣食住行，让学生学会生存。

以折叠衣服为例进行劳动教育课程设计

（一）学习者特征分析

1. 知识和技能的储备

本次授课对象是我校启能班职一级学生，学生在职一上学期已经学习过各类衣服的分类、扣纽扣、拉拉链、穿脱衣服等劳动技能，为本节课储备了知识和技能，生活信息课使他们具备了简单信息技术操作能力，能够用微信群接收文件，播放微课，顺利进行翻转课堂学习。

2. 不足与特点分析

智力障碍学生的特点是非常容易遗忘，理解能力和动手能力非常有限。本班共9名学生，智力等级是中轻度智障，学生对形象直观的事物更容易理解和记忆，同时他们的视觉辨别及记忆明显优于听觉辨别及记忆，采用直观的图片展示更为有效。同时这些学生普遍没有自主学习愿望，专注力不足，缺乏耐性。根据他们的操作能力分为三个组：

A组：斯恺、乔桐、浩坤、剑滔（会听指令、表达较好、模仿和操作能力较好）。

B组：炜坚、伟华、佳鑫（会听指令，表达能力和操作能力一般）。

C组：思祺、瑞晟（接收指令和操作能力都较弱，容易走神，不能完成精细动作）。

（二）教学内容设计

折叠衣服与学生日常生活息息相关，把这个内容作为劳动教育课程之一。折叠衣服共4个主要步骤，利用学校家居实训室进行反复实操，让学生熟练掌握折叠衣服技巧，熟记折叠口诀，共2课时完成。根据学生能力把全班同学分为3个小组。

A组同学：掌握5类上衣的折叠（拉链长袖外套、短袖T恤、带纽扣的长衬衫、带帽子棉大衣、带帽子的T恤）。

B组同学：掌握2类上衣的折叠（拉链长袖外套、短袖T恤）。

C组同学：折叠1类上衣（短袖T恤）。

（三）课程教学理念

1. 翻转课堂

运用信息技术翻转课堂，课前教师在班群发送教学资源，供学生课前课后随时观看学习，课前唤醒学生的记忆，增强学习兴趣；课后加深记忆，不断巩固；课后还把分组比赛录像发放到班群，学生可以互相点评分享，帮助他们发现问题并改进；学生每天将自己折叠的衣服拍照上传到班群，分享劳动成果。

2. 分组教学

根据学生的能力特点进行分组，教师为能力强的同学设定更高更复杂的学习任务，为能力较弱的同学设定跟他们能力相匹配更为简单的任务，同时提供辅助教具，降低学习难度，从而达到各组同学都得到充分的发展。在分组教学中还可以安排能力强的同学充当其他组的小老师，这样既解决了个别辅导人手不足的问题，又提高了小老师的学习热情和自信心。

（四）分层教学目标

1. 知识目标

（1）能记住折叠口诀

（2）能领会动作要领，会归纳折叠技巧

A组：独立、熟练完成目标

B组：在老师引导下完成目标

C组：在老师引导下完成目标（1）

2. 能力目标

（1）能够边说口诀边做分解步骤

（2）能够按工作步骤完成各自的折叠任务

A组：能借助教学资源和老师指令快速把5件衣服叠平整，并放到指定位置，独立完成目标，40秒内完成一件。

B组：借助折叠教具完成2件衣服折叠，在老师的指引下叠平整，基本完成目标，50秒内完成一件。

C组：借助教具在老师的协助下完成1件衣服的折叠，70秒内完成。

3. 素质目标

增强劳动意识，培养学生听指令、规范操作的劳动观，培养坚持不懈的劳动精神。

（五）教学重难点

1. 教学重点

"按照步骤规范地完成折叠任务"是本节劳动课的教学重点，除了在日常生活中帮助家里整理衣物做个好帮手外，同时也为未来职场做准备，因此必须按照规范工作步骤完成实训。

2．教学难点

如何将衣服叠得对称、平整和美观是本节课的教学难点。

（六）教学活动设计（2学时）

教学环节	教师活动		学生活动	设计意图
环节一 课前体验 初步了解	布置任务：要求家长在家陪同孩子一起看折叠衣服微课。		在家长的帮助下一起通过手机观看折叠衣服微课，识记折叠口诀。	让学生了解折叠衣服的步骤，对口诀初步记忆。
环节二 情景导入 引入课题 （10分钟）	1．出示图片1（收衣服图片），提出问题，图片中的人在干什么？ 2．出示图片2（凌乱摆放与整齐摆放对照图），提出问题，你喜欢哪一种？		1．学生看图思考并回答。 2．学生说一说家里是怎么整理衣服的？	唤起学生做家务劳动的意识，告诉学生让家里变得干净整洁是每个家庭成员的责任与义务。
环节三 分解步骤 口诀助记 （15分钟）	1．播放折叠衣服微课，初步展示叠衣服的步骤。 2．出示折叠衣服的流程图与口诀，老师边讲边示范。 3．讲解示范折叠神器辅助工具的使用方法，降低C组难度。		1．认真观察、理解步骤要领。 2．读读，记记、写写口诀。 3．试一试：分步完成各步骤。 4．C组同学用叠衣神器辅助学习。	通过观看微课、流程图及老师的示范操作，让学生直观、生动地了解折叠衣服的步骤。 通过尝试模仿，进一步理解和掌握折叠衣服的口诀和动作要领。
	口诀与动作要领	口诀与对照图		
	1．关大门 拉拉链或扣纽扣，反面朝上平铺。			
	2．抱一抱 两只袖子及部分衣身往对侧折叠。			
	3．点点头 帽子往下叠平整			

（续表）

教学环节	教师活动		学生活动	设计意图
	4. 弯弯腰 由衣服的下摆往 上二折或三折。			
环节四 分组竞赛 提升技能 （15分钟）	1. 组织各小组之间进行比赛。 2. 教师巡视，适时给予提示。		分组参加比赛，争当叠衣小能手。	通过分组竞赛，活跃课堂气氛，增强学生劳动意识和获得感。
环节五 作品展示 评价交流 （10分钟）	1. 展示学生的劳动成果。 2. 组织评价。		1. 自评。 2. 他评（做得好的地方及做得不够需要改进的地方）引导学生分享与交流。	1. 通过展示与交流，巩固折叠衣服的技能，感受劳动成果带来的喜悦。2. 通过交流培养学生口头表达能力。
环节六 小结 复习巩固 （10分钟）	通过完成课件连连看游戏，回顾本节课分解步骤图片对应的口诀。		1. 思考并回顾。 2. 玩连连看游戏。	回顾所学知识，想一想，说一说，玩一玩，提升学生总结能力。
环节七 布置作业泛化技能	布置作业，提出要求。 1. 每天回家帮家里整理衣服。 2. 将折叠好的衣服分类摆放好后上传拍照到班群。		完成作业。	日常应用，泛化技能。

（七）学习评价设计

1. 课堂评价

评价等级：A：85分以上；B：75～85分；C：60～75分；D：60分以下。

步骤	二级指标	规范完成 （10分）	基本完成 （6分）	没有完成 （0分）
1. 关大门	拉链拉到适当位置			

（续表）

步骤	二级指标	规范完成（10分）	基本完成（6分）	没有完成（0分）
2. 平铺	反面朝上			
	平整			
3. 抱一抱	折痕成一直线			
	两边对称			
	平整			
4. 弯弯腰	自下而上折叠			
	折痕位置恰当			
5. 摆放	叠放整齐摆放到指定位置			
完成时间		40秒内完成（10分）	50秒内完成（8分）	1分钟内完成（6分）

2. 课外评价

每天完成叠家里的衣服，持续10天时间，由家长监督，完成后上传效果图进行总体评价，课外评价成绩纳入该课程平时成绩，以鼓励学生自觉做家务为主，培养学生劳动意识和责任担当。

是否完成	自主完成（50分）	监督下完成（40分）	没完成（0分）
总体效果整齐美观	整齐美观（50分）	有一二处不平整或不对称（30分）	多处不平整不对称（20分）

（八）教学创新与亮点特色

1. 辅助教具支持突破教学难点

在案例中为了更好地突破教学难点，A组中应用长尺帮助学生判断折痕是否成直线；而B、C组同学应用了自制的叠衣神器，降低了叠衣难度，让学生轻轻松松掌握了叠衣技巧。

2. 分组教学法

启能班学生中个体在智力和能力上存在比较大的差异，教师需要为不同组设计不同的教学内容、教学目标、教学策略，以免能力强的学生吃不饱而能力弱的同学又吃不消，每位同学都得到发展。

3. 教学手段信息化

该班的学生跟普通孩子一样喜欢玩手机，喜欢用手机看视频，案例充分应用信息技术手段，课前接收教学资源进行预习，课中用课室多媒体电脑循环播放操作微课，关键环节展示图片，直观的图片让学生更容易学习，课堂小结环节用课件中的知识配对游戏进行归纳，学生学习热情非常高涨。课后通过手机拍照上传分享到班群，培养了学生劳动责任感和担当精神。

4. 教学评价多样化

本节案例用过程性评价和结果性评价相结合，既评价课堂又评价课外，课堂评价注重评价学习过程，课外评价注重学习结果。

四 劳动教育案例实施后的思考

　　启能班的学生均为有智力障碍的学生，他们的学习能力、动手能力很弱，但通过在课堂上一定的方法帮助他们去记忆，如案例中"叠衣步骤"用形象的口诀帮助理解和记忆，让记忆变得更容易；而在教学策略上对特殊学生给予适当的辅助教具，让操作变得更简单，让他们能真正体验到劳动带来的乐趣，从而激发更多潜能。从数据分析来看，这次实训各组均达成教学目标。

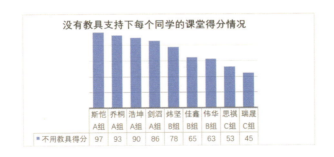

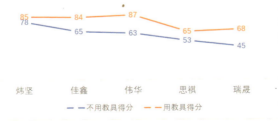

　　从以上得分数据可以看出，各组之间得分有很大差别，分组教学显得尤为重要，需要根据各小组的特点去设计教学各环

节，同时更好地利用能力强的小组去帮扶能力弱的，以达到共同发展。从B、C组使用教具前后数据来看，使用教具前B、C组均有同学达不成目标，使用后得分均有明显提升并达成目标。

　　本案例中所用的方法可以推广到中职启能班劳动教育其他技能的学习中。制件的微课、图片、叠衣神器可以成为学生学习的资源库，可以帮助学生反复学习和训练。

校企家协同共育劳动精神的个案研究

——一名劳动困难生的社会劳动实践辅导案例

广州市旅游商务职业学校　王洪贤

2020年7月，教育部印发的《大中小学劳动教育指导纲要（试行）》（以下简称《指导纲要》）明确指出，劳动教育是发挥劳动育人功能的重要阵地，要以动手实践为关键，培养学生树立正确的劳动观念，具有必备的劳动能力，培育积极的劳动精神，养成良好的劳动习惯和品质。同时，《指导纲要》在教育实施主体方面提出，职业院校要建立学校负责规划设计，行业企业社会机构主要负责业务指导，双方共同管理的劳动教育实施机制，因此在中职阶段，校、企、家三方在劳动育人方面都发挥着重要作用。"校"指学生学籍所在学校，进入企业后主要是与学生直接联系，负责实习工作指导的校内老师；"企"指与学校有合作关系的学生工作劳动的社会企业；"家"指学生家长。

依托广州市进出口贸易交易会（简称"广交会"）社会经济环境，我校为二年级学生的劳动教育课程精心策划并开展了广交会社会劳动实践任务，通过参与真实的劳动实践，把课堂上讲劳动放到企业中做，深化职业认知，体验劳动成果，达到以评价促认同、促反思、促育人，培育劳动精神的目标。实践

证明，以社会实践为中心的劳动教育效果更明显，学生会主动对自己的劳动过程进行反思与改进，在劳动中获得成长。

本案例是一个通过社会劳动实践反思自身劳动状况，在指导老师、企业、家长三方共育中端正劳动态度，改进劳动行为，深化劳动观念，积淀劳动精神的典型性案例。

案例主体：顾锡（化名），男生，17岁，中餐烹饪专业，劳动岗位：酒店厨房，存在劳动困难症状。

一 案例主体基本情况

性格	1.沟通能力较差，沉默寡言；2.内向，不关注外部信息； 3.自我意识强；4.吃苦耐劳意识较弱
体质	1.体质测试60分左右；2.不爱运动，体力较差；3.有熬夜习惯，亚健康状态频繁，上课睡觉现象严重
兴趣	玩手机游戏，看短视频，缺少其他爱好
能力	1.文化课程学习能力较差，但动手专业操作能力过关 2.时间规划与管理能力较差，任务完成基本靠催促、提醒 3.团队合作能力薄弱，个人意识强

总体评价：顾同学缺乏社会实践，锻炼少，不能吃苦，意志力不强，劳动观念不强，劳动习惯和品质有待转变和形成。分析原因：这与家庭生活实际有关，长期以来形成了独特的性格等个人特征，也与新冠疫情期间缺乏社会性体验有关系，而课堂中的讲劳动及简单劳动活动并没有触动他"我应该如何劳动？"的意识，劳动精神认知及认同感缺乏。基于以上分析，顾锡同学独立完成为期一个月的企业劳动任务存在很大困难。

二 案例主体在社会劳动实践中出现的情况及原因分析

工作考勤	1.迟到次数较多，迟到时间30分钟到90分钟不等 2.就迟到问题，企业有多次向指导老师反映，有退工意向
工作态度	1.能承认迟到问题，但把迟到因素归结为客观原因，如：闹钟失灵、同学没有叫醒等 2.有时知道会迟到，即从个人角度单方面借口请假或旷工 3.经企业反映及老师沟通后，能认识到按时上班的重要性
工作能力	1.沟通能力缺乏，迟到不能及时向人事及工作部门报告 2.行动力不足，体力不支，身体不适，病假次数多 3.岗位操作能力基本可以达标

总体评价：顾同学劳动过程监测中表现出来情况分析，发现他劳动习惯和品质没有养成，因平时个人性格及习惯导致劳动行动力欠缺，积极的劳动精神缺乏。如果主体自身对这些思想问题不重视不反思不改进，实践劳动任务则很难完成，可能无法获得学分，将来就业也存在困难，教育培养合格的社会主义建设者和接班人的目标将难以实现。

三 校、企、家协同共育劳动精神的策略及成效

根据学校制订的劳动计划，学生进入企业后，则主要由实习指导老师、企业监测学生劳动过程，针对出现的问题，再联系学生家长，由三方共管共育。

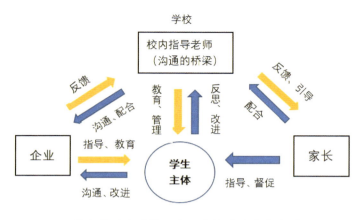

社会劳动实践校、企、家协同共育流程图

一是鼓励劳动困难生坚持参加劳动。存在劳动困难症不等于不让他参加劳动，劳动教育作为必修课程，尽力参加有助他摆脱舒适安逸、不劳而获、贪图享乐的思想，出力流汗，磨炼意志，能帮助他体会勤劳奋斗的精神。在劳动期间，要调动一切力量去保证他的劳动过程，不能轻言退出，放弃劳动。

首先，学校、家长做好劳动前的培训和辅导，讲明工作是什么？应该怎样工作？如何避免工作中可能会出现的问题？重点对劳动态度和品质等应具备的劳动精神进行解释，企业在学生入职时也做好部门工作规章制度培训。其次，在工作实践中，企业要第一时间观察记录学生的工作情况，适时介入指导、提醒，在作出决定前与校内指导老师进行沟通，避免单方做决策，以人事决定代替育人。最后，接到企业反馈后，指导老师要关心学生，积极接触，依据事实了解情况，帮助困难学生寻找问题根源，给出对策，并反馈家长，引导家长配合，再将学校与家长的实施方案与企业沟通，希望企业能承担劳动育人的责任，形成合力。

案例中顾同学迟到现象较严重，接到企业反馈后，指导老师第一时间联系学生。经了解，顾同学在厨房工作，站立时间长，劳动强度骤然增大，因他长期体质较差，身体感受累，早上起床困难，而他意志力薄弱，劳动观念没有形成，就放松了要求，迟到或者觉得累了就认定自己生病，便请假休息。策略：教育与管理相结合，指导老师与家长两手抓。两方结合真实工作实际继续讲解劳动观、劳动纪律等理论要点，说明学校对外出社会实践劳动管理规定，指出劳动是学习的一部分，不能完成任务的则无法获得学分，主动退出或被退工会受行政处分；同时安排学生去医院做检查，听取医生诊断结果，打消身体出现疾病的疑虑。另外，与家长沟通，深入了解学生身体病史，与家长达成劳动教育目标共识，行动上制订具体办法共同督促学生按时上班。

二是坚持学校、企业与家长共担育人责任的理念。《指导纲要》指出"中小学要推动建立以学校为主导、家庭为基础、社区为依托的协同实施机制，形成共育合力""职业院校、普通高等学校要建立学校负责规划设计，行业企业社会机构主要负责业务指导，双方共同管理的劳动教育实施机制"，可见学校、企业、家长三方都赋有育人的责任。劳动实践过程中依据各自分工实施教育管理职责。企业是用工方，直接面对学生的劳动状态，当监测到学生出现异常劳动状况后第一时间对学生给予提醒，并指导改进，学生回应调整。若调整不明显，则企业将问题反馈指导老师，由指导老师联合家长达成一致目标共同介入，并将教育管理及改进办法与企业沟通。劳动实践过程中，尽量避免未经劳动教育育人环节直接退工或学生直接退出，否则劳动教育的意义就得不到重视。

案例中，指导老师在坚持三方协同共育原则的基础上开展工作，多次与企业真诚沟通，一方面将顾同学的个人情况及思想状况汇报给企业，希望企业客观了解学生的真实情境，因材施育；另一方面引导家长配合学校管理工作，与老师一起主动指导和督促孩子坚持劳动。针对顾同学在工作过程中时间管理观念不强，屡次迟到，且不接听电话问题，指导老师主动向企业沟通学生个人情况，包括性格、兴趣、行动力等方面，提出"育人"的共同目标，请企业部门经理与学生谈话，从社会性劳动角度指出作为一名动者应该怎样劳动。实践证明企业教育效果良好，给学生的触动更大，反思也更能落地。

三是发挥主体作用，引导、鼓励劳动主体有效反思。劳动困难生的教育忌简单批评与处罚，要围绕劳动观、劳动精神、劳动习惯和品质、劳动意义的建构，引导劳动主体及时反思，建立认识，纠正偏差，转变态度，提高行动，使学生在劳动中获得成长。

案例中顾同学为期一个月的劳动实践进行得并不顺利，实习结束前，老师与家长共同布置了实习反思的任务，学生非常入心，客观回顾了自己的劳动历程，反思了问题所在，建立了对个人及劳动的新认知。

顾锡实习反思

通过这次实习劳动，我发现自己许多不足，暴露诸多过错。

最严重的就是几次迟到，因为疲劳而放松学习，没有合理安排时间，导致睡过了头，上班迟到。

再就是体能不行，平时疏于锻炼，沉迷手机而不能自拔，导致免疫力低，一个月时间里几次出现请假看医生现象。我反思了很多：

自己对工作全力以赴了吗？

还有哪些地方需要改进？

目前的状态能达到毕业目标吗？就业后能担起以后工作的重担吗？

还有平时为人处世做得到位吗？等等。

我知道有很多不足，但是我愿意正确面对且积极想办法改正，克服这些问题，朝着更好的方向努力前进。

以后我一定会合理安排时间，放下手机，多参加体能锻炼，参加一些有益的活动，增加自己的见识，拓宽自己的视野，多和同学、老师交流，潜下心来，向部门主管及厨师长学习专业知识，打下扎实的基础，勇于创新，认真对待主管和厨师长安排的工作，对生活中的每一件事保持一份热情。

2020年11月，习近平总书记在全国劳动模范和先进工作者表彰大会上提出劳动精神的时代内涵：崇尚劳动、热爱劳动、辛勤劳动、诚实劳动，分别从劳动价值观、态度、过程和品质四个角度回答了劳动的一系列问题。弘扬劳动精神，全身心参与，手脑并用，亲历实际的劳动过程，提高劳动素养，葆有社会主义建设者和接班人的劳动精神面貌亦是劳动教育课程的目标。

社会性劳动实践无疑是一个最真实的劳动场景，学校、企业与家长依托此平台共育学生的劳动精神具有更高效的实践意义，更能提升劳动教育的质量。

广州市信息技术职业学校
学生劳动实践种植园

广州市信息技术职业学校　戴丽艳

创新劳动育人，拓展基地建设

为深入贯彻德智体美劳全面发展的党的教育方针，全面落实《中共中央　国务院关于全面加强新时代大中小学劳动教育的意见》精神，提升学生的劳动素养，形成体现时代要求、符合育人规律、彰显学校特色的劳动教育体系，让学校劳动教育课程持续开展，丰富学生劳动教育课程的内容，劳动教育课程更具知识性、趣味性。2021年4月，学校利用一块占地600多平方米的空置场地建设学生劳动实践种植园。2021年10月，学生劳动实践种植园建设完毕并正式开放使用。

劳动实践种植园开放后通过一系列的种植劳动实践活动，使学生有目的、有计划、有步骤地观察周围的事物和农业生产的过程。使学生的劳动技能和动手实践能力得到提高，从而培养学生正确的劳动情感、态度和价值观，增强学生的创新实践能力。学校的劳动实践种植园真正成为学生们感受劳动之美的天然科普基地。

图1　学生在劳动基地开展实践活动

劳动淬炼成长，实践收获快乐

每天下午3点半到5点为种植园的开放时段，种植园里学生积极参与劳动活动，体验劳动意义非凡。

责任田——分配到每个班级，由班主任每天安排学生进行田间管理，自主种植，收成可自行处理或学校统一回收。

兴趣田——学校学生劳动周值周班级使用，由指导老师负责，除了种植一些常见的农作物，还种植了一些不常见的或有一定研究价值的中药植物。

学校的劳动实践种植园，让学生们有机会走出课堂，走近自然，为学生的全面发展提供了一个开放的空间。学生劳动实践种植园旨在推动绿色生活潮流进校园，引导学生热爱劳动，普及蔬菜种植知识、提升生态环保意识，体悟收获的快乐。

共建实践基地，增强职业体验

2022年4月，我校劳动实践种植园相关负责人来到广州市中学生劳动技术学校参观学习，提出共建意向，并邀请劳动技校专业老师来我校指导劳动实践种植园的工作，经过专业老师的指导，我校种植园迎来了丰收的喜悦。同年7月，我校与广州市中学生劳动技术学校，签署了共建劳动教育实践基地协议，通过两校之间的共建合作，进一步加强学生劳动教育工作，不断增强学生的职业体验发展，弘扬劳动教育中的劳模精神、劳动精神和工匠精神，进一步推动我校学生的专业学习和普通劳动相融合。

劳动教育实践基地的共建及后续活动的开展，为两校劳动教育工作持续注入动力，实现优势互补、资源共享，从而引导两校学生在服务社会的劳动实践中提升认识、增长才干，为学校培养德智体美劳全面发展的新时代中职学生做出积极贡献。

图2　学生劳动种植成果

五彩劳育悦生活

PART 3

班会设计

弘扬劳动精神、工匠精神、劳模精神

——劳动教育主题班会教学设计

广州市城市建设职业学校　姜冬

摘　要　2020年3月，《中共中央　国务院关于全面加强新时代大中小学劳动教育的意见》明确提出劳动教育的总体目标为"通过劳动教育，使学生具备满足生存发展需要的基本劳动能力，形成良好劳动习惯"。针对中职学生的特点，我开展了"弘扬劳动精神、工匠精神、劳模精神"劳动教育主题班会课。

关键词　劳动教育；主题班会；中职生

一　班会背景

2020年3月，《中共中央　国务院关于全面加强新时代大中小学劳动教育的意见》明确提出劳动教育的总体目标为"通过劳动教育，使学生具备满足生存发展需要的基本劳动能力，形成良好劳动习惯"。其中职业院校实施劳动教育应突出体现为"结合专业人才培养，增强学生职业荣誉感，提高职业技能水平，培育学生精益求精的工匠精神和爱岗敬业的劳动态度"。针对中职学生的特点，我开展了"弘扬劳动精神、工匠精神、劳模精神"劳动教育主题班会课。

二 班级信息

专业 建筑工程与施工

年级 2020级施工1班

人数 47人（男生47人，女生0人）

年龄 17～18岁

三 班会目的

（1）知识与技能：引导学生认识"劳动"二字的本质，理解"劳动"带给人类幸福物质生活和精神世界的深刻内涵。

（2）过程与方法：通过抄写"劳动"繁体字认识劳动的本质，技能大赛参赛学生代表发表演讲谈工匠精神，班级劳动积极分子拍摄动作、实习短视频谈劳动感悟。

（3）情感、态度与价值观：通过抄写、演讲、拍摄短视频等形式体会到劳动创造了丰富的物质世界和精神世界，要弘扬劳动精神、工匠精神、劳模精神。

四 课前准备

（1）布置抄写"劳动"二字繁体字的作业，把"勞動"抄写10次。

（2）参加省级技能大赛获奖学生准备好演讲稿。

（3）班级劳动积极分子制作短视频。

（4）制作好班会课ppt。

五 重点与难点

重点：通过繁体字"勞動"引导学生认识"劳动"二字的本质，理解"劳动"带给人类幸福物质生活和精神世界的深刻内涵。

难点：通过抄写、演讲、拍摄短视频等形式体会劳动创造了丰富的物质世界和精神世界，要弘扬劳动精神、工匠精神、劳模精神。

六 班会流程图

一、古人的"劳动"：从"劳动"繁体字入手，通过二字的变化，引导学生认识"劳动"的本质。

二、劳动在人类进化过程中起到了重要作用，明确劳动重要性。

三、今人的"劳动"：班级工匠模范，省赛选手发表演讲，分享参赛经历。

四、今人的"劳动"：班级技能模范，通过拍摄家庭劳动、职场劳动短视频畅谈劳动心得。

五、今人的"劳动"：班级劳动模范，班级劳动委员通过宿舍、教室的清洁劳动的短视频，分享劳动对他个人的成长意义。

六、教师总结。

七　班会形式

硬笔书法抄写、演讲、短视频、讨论。

八　班会设计

（一）古人的"劳动"——展示"劳动"从古至今的演变

班主任：同学们，大家好。欢迎来到广州市城市建设职业学校2020级施工1班第14周的主题班会课——"弘扬劳动精神、工匠模范、劳模精神——劳动教育主题班会"。说到"劳动"二字大家首先想到什么？

学生1：身体上的累，不能躺平，不能玩手机游戏了（全班大笑）。

学生2：劳动就是打工、赚钱、搬砖。

学生3：劳动就是帮父母干家务、做农活、喂猪养鸡，好累的。

班主任：同学们以上说得都对，都是劳动的范畴，都是劳动带给我们的。既有身体上的累，也有创造物质、金钱的收获。大家说的"劳动"似乎都是看得着、摸得到、感受得到的东西。那么，我们做了一道数学题、完成一篇作文、背诵了一篇英语课文，请问这算不算"劳动"。

班级陷入沉思。

学生4：劳动既包括体力上的劳动也包括脑力上的劳动，劳动创造了人类的物质生活，更创造了丰富的精神世界。

班主任：这位同学总结得非常好。劳动在人类进化的过程起着关键作用，没有劳动就没有现在的物质生活和我们健康聪明的身体。课前布置了同学们抄写"劳动"二字的硬笔书法，那么，现在我们一起来通过"劳动"二字从古至今的变化学习一下劳动的本质和内涵。

"劳"的演变

字形演变过程：

图1

"动"的演变

字形演变过程：

图2

班主任：我们可以看出"劳"经历了三种演变。商周甲骨文的"劳"有两个"火""衣"以及六个点，"劳"的本义就是热天衣服出汗。战国时期的金文的"劳"从炎、从心，本义为忧心、烦心。自秦朝开始"劳"写作"勞"，和今天"劳"的繁体字已经差不多了：从火，炎热+冖，覆盖，衣服的简写+力，劳作，酷暑仍然穿衣干活，古诗多指农活。秦代的"勞"最终成为主流字流传后世。"动"字，金文不从力，战国文字增加从辵或从力的意符。篆文则作从力、重声，从力表示动作的进行。可见，古人早已发现"劳动"与火、力等农业生产相关，通过劳动生产了粮食、衣服、生活用品等物质资料。人类也通过动手劳动获得了进化。

劳动在人类的进化中起到了关键作用

（二）今人"劳动"——赛场上的工匠精神

工匠模范：学生代表演讲

学生5：可是到了现代，我们已经不是刀耕火种、鱼叉狩猎的时代，自来水、天然气、电，哪个不是方便易得。农业有拖拉机、收割机、无人机，交通有飞机、高铁、小汽车，通信有网络、手机、电脑，家务也有方便的扫地机器人、洗碗机、洗衣机，我们还需要"劳动"吗？

学生6、学生7：是的，我们还需要劳动吗？我们可以"躺平"了吧？

班主任：我们告别了繁重的体力劳动，我们迎来了信息社会和智能时代，这是以脑力劳动为主，体力劳动为辅的时代。于是我们诞生了劳动模范、工匠模范。下面我们有请广东省技能大赛抹灰选手我班黄同学发表演讲，谈谈他的参赛经历，谈

谈如何用自己的劳动和智慧打磨出工匠精神。

黄同学：在台前发表演讲。（演讲稿另页附）

班主任点评：这就是黄同学的感悟，这就是对工匠精神的追求，经过长时间的跨校区训练，实操工艺考验我们的体力和心态，在如此大强度的比赛中还要对制作精度进行控制，要尽量控制在0误差以内。工匠精神是没有终止的，只能通过永不停歇的磨炼和专一的训练来减少错误。

（三）今人"劳动"——职场上的职业精神

技能模范：学生代表拍摄短视频体现职场精神和谈体会

班主任：在专业技能方面我们通过劳动体现工匠精神，何同学上学期在实习单位，把他在职场上体现的专业技能和职场精神拍成了一个3分钟的短视频，请大家边看边听他的体悟。

何同学：在实习单位让我体会最深的是有一次凌晨3点起床放线，放线关系到整栋楼的结构质量，因为天气预报第二天上午可能下雨，所以我们要抢时间，趁下雨之前放好线，在场的所有工作人员没有一句怨言，按时来到项目工地，强撑着困意按时按要求保证了项目的进度和质量，这就是我理解的职业精神。我要用我的劳动、技能建广厦万间。

班主任：你说得非常好。这就是我们理解的职业精神。

（四）今人"劳动"——生活中的劳动精神

劳动模范：劳动委员展示打扫宿舍卫生短视频，谈劳动的快乐

班主任：谈起劳动，不得不说起咱班的劳动委员——杨同学，作为劳动委员，他热爱劳动，不怕苦，不怕脏，不怕累，班级卫生和宿舍卫生在他的清洁劳动下，常年保持干净、卫生、整洁，宿舍卫生更是天天、周周100分，是真正做到一尘不染的模范宿舍。下面我们请杨同学谈谈他在劳动中体会到的快乐。

杨同学：作为劳动委员，我认为劳动使人快乐，看到干净整洁的教室，我感到内心舒畅，教室越是保持干净，同学们对我的工作越是支持，大家也会自觉动手维护好教室整洁，这是班集体共同维护的劳动成果。我的一点作用只是带动了全班同学，使得班集体更加团结，形成了良好的班级风气。宿舍卫生也有赖于宿舍成员的整体维护，大家都愿意在干净整洁的环境中生活，我的小小吃亏、多做，赢来了全班同学的自觉，这就是劳动的乐趣！

班主任：劳动带来了班级、宿舍的干净整洁，更带来了良好的班风，感谢劳动委员带动班级良好风气。

（五）班主任总结

班主任：今天我们的班会课分为四大部分，劳动的本质与内涵、赛场上的工匠精神、职场上的职业精神、生活中劳动精神，通过几位代表的发言与展示，我们感悟到：劳动使我们在赛场上发光，劳动使我们在职场上出彩，劳动更使我们在生活中大放异彩！劳动创造了丰富的物质生活，更带来了丰富的精神世界。

九　教学反思

　　这节课较为充分地发挥了学生在课堂中的主体作用，尽可能地让每名学生都参与活动，让学生在活动中提升认识水平，感悟劳动精神。从古义的劳动谈起，到现代劳动的劳动精神，深化班会课主旨。从而，从劳动精神落实到"立德树人"的根本任务。

附：黄镇涛演讲稿

　　尊敬的领导、老师、同学们大家上午好，我是黄镇涛。今天我演讲的题目是"未来工匠说"。

　　我所理解的工匠的精神，应该是从工匠们身上所具备对技艺的坚持，以及对细节追求完美的苛刻要求，还有他们一瓦一砖搭建的房屋所追求极致的专业和专注，我喜欢并希望自己能够成为这样的人，穷尽一生，磨炼一项技能。

　　我报名参加学校抹灰与隔墙系统项目的校内选拔，被教练选入参加建筑装饰技能项目。由于前期训练内容未涉及CAD绘图，在建筑图设计环节我是从零基础开始，许多命令和操作都浑然不知，在不断坚持每天从江高校区回三元里校区的刻苦训练，还有在实操上的难度不断地提升，和平时的训练当中的磨炼，都是提升自己的一技之长。可能这就是对工匠精神的追求，经过长时间的跨校区训练，实操工艺考验我们的体力和心态，在如此大强度的比赛中还要对制作精度进行控制，要尽量控制在0误差以内，在我以为我这对操作流程和工艺已经熟练，直到通过比赛的时候才发现自己的不足，从中得出工匠精神是没有终止的，只能通过永不停歇的磨炼和用专一的训练来减少错误。

虽然我才拿了省赛的第二，不过以后的生活还是工作我都会用工匠精神来对待，把以后的工作当每一次比赛来磨炼，读书应该，要学以致用，把学到的在实际生活中应用起来，从中领悟知识，从现在开始，让我们用工匠的品质，精神来雕刻我们的未来。

我的演讲完毕，谢谢大家！

五彩劳育悦生活

PART 4

教学设计

绿茶行茶法

劳动教育教学设计

广州市旅游商务职业学校　詹少芸

一、授课信息					
项目名称	绿茶冲泡与服务	**课题名称**	绿茶行茶法	**学时**	1学时（40分钟）
授课对象	初一学生	**授课地点**	广东省中小学生劳动教育基地·茶艺馆	**教材**	《茶叶冲泡与服务》活页式教材

二、教材分析
劳动教育课程"茶叶冲泡与服务"是使中小学生学会日常茶叶冲泡的技巧，并通过茶艺冲泡与茶事服务，提升劳动能力的重要课程之一。 本节课课题为"绿茶行茶法"，为课程项目"绿茶冲泡与服务"的核心教学内容，旨在让初一学生通过掌握绿茶的冲泡流程和凤凰三点头的冲泡技巧，身心并重，锻炼动手能力。同时，感受到茶叶冲泡劳动不仅对家庭、学校、社会等方面有很强的实用意义，也为传承中华茶艺，增强文化自信具有深远影响。

三、学情分析		
学情分析	知识基础	1. 学生能认识辨别绿茶与其他茶类。 2. 学生了解并能辨别中国十大名茶中的绿茶，如西湖龙井、碧螺春、黄山毛峰等。
	劳动经验	1. 学生能了解绿茶行茶法流程中个别动作，如准备茶具、烧水、取茶叶，但对这些流程中的劳动要点和安全注意事项并不清楚，部分学生缺乏细心和安全意识。

（续表）

学情分析	学习特点	1. 初一学生刚步入初中阶段，对生活中的各种劳动，比如家庭中的茶叶冲泡劳动，充满好奇心，且乐于动手尝试和表现，渴望通过劳动结果展示自我。 2. 学生活泼好动，动手能力强。他们喜欢和老师、同学交流，思维灵活。但由于缺乏一定的知识技能和劳动经验，不一定能很快掌握茶叶冲泡的各项技能，遇到长期掌握不了的劳动技能时，容易有挫折感。
四、教学目标及重难点		
教学目标	知识目标	1. 通过观察、讨论，能理解绿茶行茶法的程式。 2. 通过观察、模仿、多次练习，能掌握凤凰三点头的基本手法。
	能力目标	1. 能正确描述出绿茶行茶法的程式。 2. 能用玻璃杯冲泡一泡绿茶。
	情感目标	通过冲泡绿茶，学生能认识到茶叶冲泡这项劳动技能在家庭、社会中的意义，强化学生在家庭、社会劳动中的责任和意识。 通过反复练习冲泡，学生能感受到实践练习的重要性，感悟劳动的艰苦与快乐并重。 通过小组合作和探究，学生增强表达能力，培养劳动中的团队合作意识。
重难点	重点	绿茶行茶法的程式。
	难点	凤凰三点头的基本手法。
五、教法学法		
教法	任务驱动法、活动教学法	学法：自主学习法、合作探究法
六、教具学具		
教具	1. 信息化教学资源（学习通、草料二维码、问卷星）：布置课前任务，了解学生课前学习情况。 2. 多媒体一体机、希沃白板：展示教学内容。	学具：1. 信息化教学资源：了解学习内容，完成课前任务，激发学习兴趣。 2. 玻璃杯茶具组：冲泡、练习绿茶行茶法。

（续表）

七、课前准备		
教师准备	1. 布置：学习通平台发布微课视频、问卷星发布调查问卷、草料二维码收集前置作业。 2. 制作：ppt。 3. 准备：多媒体设备、课室一体机、音响等。	**学生准备** 1. 观看《绿茶行茶法》微课；概括该行茶法的程式并填写在草料二维码上。 2. 填写调查问卷，在西湖龙井、碧螺春、黄山毛峰三款绿茶中选出最想冲泡的茶叶，并以此分为三组。 3. 以小组为单位提前准备绿茶行茶法的茶具和三款绿茶茶叶。

八、教学过程				
教学环节	教学内容	教师活动	学生活动	预设目标
新课导入（3min）	微课回顾，了解绿茶行茶法的程式。	1. 微课回顾：视频中呈现的绿茶行茶法的程式是什么？ 2. 引导：学生总结绿茶行茶法的程式。 3. 调查问卷总结：选择冲泡三款绿茶来练习的原因？ 4. 呼吁：尝试用绿茶行茶法冲泡自己喜欢的绿茶，并将它奉给组员品饮吧。	1. 回答：程式为备具→备水→布具→取茶→赏茶→温杯→置茶→浸润泡→摇香→冲泡→奉茶→收具。 2. 回答：喜欢冲泡西湖龙井、碧螺春、黄山毛峰的原因。 3. 准备：绿茶行茶法的练习。	1. 点评前置作业，肯定学生课前劳动的价值，检验课前学习效果。 2. 以学生喜好分组，激发学生的学习兴趣。

（续表）

探究新知（10min）	小组探究，理解绿茶行茶法的程式。	1. 提醒：检查绿茶行茶法用具是否干净齐全。检查水温，烧水壶安全摆放。提前净手。 2. 播放：舒缓愉悦的绿茶行茶法茶艺背景音乐《太湖春》。 3. 巡视指导：学生练习绿茶行茶法的冲泡程式。 4. 提问、解释：绿茶行茶法冲泡程式的每个步骤含义和操作要点？哪个程式最难操作？	1. 检查：用具和用水。净手。 2. 练习、理解：绿茶行茶法冲泡程式。 3. 提问、理解：绿茶行茶法中难以操作的动作，比如凤凰三点头。	1. 劳动前检查，养成注意安全、卫生，认真负责的劳动素养。 2. 结合音乐练习，让学生在茶艺冲泡劳动中感到愉悦，调节劳动中的情绪。 3. 提问与练习，让学生学会表达自己的劳动学习状态，理解深入练习茶叶冲泡技巧的意义。
巩固复习（10min）	难点突击，掌握凤凰三点头的技巧。	1. 提问：凤凰三点头代表什么特殊的茶礼仪？ 2. 引导、解答：学生回答，并理解凤凰三点头是向宾客致意的茶礼仪。 3. 展示：凤凰三点头的动作技巧。 4. 呼吁、指导：理解技巧，并多次练习形成肌肉记忆，直至完全掌握。 5. 组织：学生推荐小组代表展示凤凰三点头动作，并点评。	1. 回答：凤凰三点头的礼仪内涵。 2. 观看、理解：凤凰三点头的动作技巧。 3. 练习、展示：该动作技巧。 4. 品饮：组员冲泡的绿茶。 5. 评价：组内、组间互评。	1. 感悟茶礼仪，理解茶叶冲泡劳动具有传承中华传统礼仪的意义。 2. 反复练习，让学生感悟劳动的艰辛。 3. 展示技巧、分享茶汤，让学生收获劳动成果带来的喜悦与自信。

（续表）

课堂总结（7min）	分享体验，总结劳动经验。	1. 组织：学生分享劳动的体验。 2. 引导、总结：绿茶行茶法的程式和技巧。感悟茶艺冲泡劳动过程中的困难与快乐，理解劳动的意义。 3. 组织：收复练习场地。	1. 总结：绿茶行茶法的程式和冲泡技巧。 2. 表达：从冲泡者和品饮茶汤者的角色，表达在茶艺冲泡劳动中感受。 3. 复场：清洁、摆放茶具。	让学生感悟到：劳动虽然艰辛，但只要坚持，自己既能在此过程掌握劳动的技能，也能分享通过自己的劳动将甘美的茶汤分享给他人。

九、教学反思

教学特色	1. 创设情境，弘扬国饮：通过创设循序渐进的劳动情境，不断增加劳动难度。鼓励学生为伙伴泡一款喜欢的茶，并自行表达出劳动的困难和想掌握的茶叶冲泡技巧。既发挥学生主观能动性，也能让学生真切地感受到茶叶冲泡劳动的意义，有助于弘扬中国茶文化精神。 2. 注重体验，感悟劳动：以音乐播放、小组练习、品饮、互评的形式，让学生沉浸于茶叶冲泡劳动的情境中，也能在轻松愉悦的团队合作中收获劳动的喜悦。
不足与诊改	不足： 个别比较活泼的初一学生，在课堂开始容易不听要求便自行操作练习，导致学习效果不佳，甚至干扰课堂秩序。 个别学生在练习教学难点凤凰三点头的技巧时，容易产生畏难情绪，导致上课走神。 诊改： 1. 在课堂开始前，应引导学生注意课堂纪律，可通过指导小组长维持小组秩序，由学生引导学生。并设置奖动方式，比如秩序好的小组可以多让几个同学上台展示。 2. 可通过智慧终端设备，放大茶艺冲泡的细节展示图，增强学生对教学难点的理解。适时鼓励学生，坚持练习，给练习好的同学提供展示机会，或让他们协助指导学习进度慢的同学。

我的生活我做主

劳动教育之"番茄炒鸡蛋"教学设计

广州市荔湾区外语职业高级中学　冯增燕

一　活动目的

　　随着现代教育的发展和普及，越来越多的智障学生进入学校学习。我们在给学生传授知识的同时也要教会他们感恩，但由于这些学生的接受能力、动手能力差等特点，父母为他们安排了一切，过着衣来伸手、饭来张口的日子，最后导致他们劳动技能欠缺，劳动观念淡薄。为了培养学生热爱劳动的情感，提高劳动技能和生活自理能力，本节课主要以劳动教育为主，就是学会做一道菜——"番茄炒鸡蛋"，让他们在制作的过程中感受劳动的乐趣，体验劳动的价值，并能在母亲节这一天为母亲亲手做这道菜，以示感恩。

二　教学对象分析

　　本班是职三年级，融合就业班。学生在学习态度方面积极认真，大部分学生听懂指令并按指令做事。

本班共有11名学生，根据学生的能力各不相同可分成三个层次：×俊、×明、×佩在家经常做家务，煮饭、炒菜，动手能力强，基本可以独立完成学习任务，为第一层次；×炜、×然、×锋、×烨、×辰、×翔动手能力均较强，认识较多的常用汉字，能理解并执行简短指令，在完成任务过程中可以使用文字提示，为第二层次；×彤和×焱不太识字，动作较慢，动手能力一般，在完成任务过程中需要用到图片辅助和老师的指令才能完成学习任务，为第三层次。

三 教学目标分析

通过课堂教学，达到以下教学目标：

（一）知识目标

1. 知道"番茄炒鸡蛋"的基本流程。
2. 知道做菜前要洗手，做完菜后要清洗工具、清洁厨房。

（二）能力目标

第一层次：能独立完成"番茄炒鸡蛋"任务。

第二层次：能依照老师提供的步骤图完成"番茄炒鸡蛋"任务。

第三层次：能看懂步骤图并能在老师的指导下完成"番茄炒鸡蛋"任务。

（三）情感目标

1. 在实践活动中感悟劳动带来的美好收获，在劳动中培养学生的主人翁意识和责任感。

2. 懂得垃圾分类，树立环保意识。

3. 渗透食品安全教育：没成熟的番茄（青色）不能吃，会中毒。

4. 在劳动中树立防护意识：注意用刀、用电安全，防止烫伤。

四　教学内容分析

学生在生活教育课中，已经掌握洗菜、切菜、煎蛋、炒蛋等简单的做菜技能。本节课是在学生已掌握煎、炒蛋的基础上，再教会学生鸡蛋的其他常见菜式之一——番茄炒鸡蛋。为了让学生都能完成学习任务，教师根据不同层次学生情况提供文字和口袋书图片辅助支持。

五　教学重难点

（一）教学重点

借助文字（图片）提示，独立完成"番茄炒鸡蛋"菜式制作。

（二）教学难点

火力和烹饪时间的限制。

六　教学策略

1. 选择与信息技术融合的教学设计。

2. 采用直观讲解和操作演示相结合的教学方法。

3. 使用口袋书辅助。

七　教学用具

　　工具：电磁炉、盘子、菜刀、砧板、锅、锅铲、碗、筷子、洗菜盆、围裙。

　　食材：番茄、鸡蛋、盐、食用油、白糖。

八　教学准备

　　1. 教师准备：给家长发"番茄炒鸡蛋"视频，要求家长按视频中的流程做一次"番茄炒鸡蛋"，学生参与其中；了解学生在家做家务情况，根据学生能力差异采取不同的教学策略。

　　2. 学生准备：全程观看家长做"番茄炒鸡蛋"菜式。

九　教学过程步骤

活动一

创设情境，激发兴趣，引入新课

　　课堂一开始，我问学生："你吃过哪些和鸡蛋有关的菜式？"由于课前要求家长配合做一次"番茄炒鸡蛋"的菜式，此时学生马上就会想到"番茄炒鸡蛋"。紧接着设置去市场采购的主题场景："如果我们今天做'番茄炒鸡蛋'，老师要带你们去市场买菜，你们会买哪些食材呢？还有我们需要用到哪些工具呢？"再接着分别打开事先准备好的"番茄炒鸡蛋"所用到的食材、工具的希沃游戏，由学生进行"PK"，答对两样的加1分，两样以上的加2分，由此激发学生兴趣。

设计意图：通过情景设置，引出本课的主题——番茄炒鸡蛋，培养学生思考问题的能力和做劳动任务的规划意识。根据多年启能班教学经验，发现这些学生很看重加分，所以通过小游戏"PK"的形式，既能给学生加分鼓励，又能让他们知道"番茄炒鸡蛋"所用的食材和工具。教师既能了解学生知识掌握情况，又能营造轻松、和谐的教学氛围。

活动二

看看，说说，记记

打开希沃课件，引导学生认真观看我事先拍摄的"番茄炒鸡蛋"视频，仔细观察"番茄炒鸡蛋"的流程以及所用到的食材和工具。观察结束后，我就流程、食材和工作分别提问学生，学生根据视频回答问题。每一项能正确回答两点以上的加1分以作鼓励。最后我总结并打开PPT展示"番茄炒鸡蛋"流程并要求学生记在笔记本上。学生记完笔记后，我再将"番茄炒鸡蛋"流程图发给学生。

第一步：清洗番茄和鸡蛋。

第二步：切番茄。

第三步：打鸡蛋并搅拌成蛋液。

第四步：开电磁炉，小火，待锅干后，倒入1汤匙油。

第五步：倒入蛋液，待蛋膨胀后用锅铲炒散，炒好后铲出备用。（强调：先炒好鸡蛋再炒番茄）

第六步：锅里再倒入1汤匙油，放番茄煸炒至软（约5分钟），加入炒好的鸡蛋、1小勺盐、1小勺白糖，再翻炒2分钟。

第七步：关电磁炉，出锅装盘。

设计意图：通过看、说、记，培养学生自主学习和勤于思考的习惯；流程图的发放让学生对"番茄炒鸡蛋"的制作更为直观，为下一步动手操作做好准备。对于油和盐的限量，其一是担心学生盐放太多，太咸没法吃，另外也是让学生懂得做菜时盐、油可以少放一点，坚持少盐少油的健康生活理念。

活动三

劳动环节

（一）教师演示"番茄炒鸡蛋"制作过程

我通过边示范边讲解"番茄炒鸡蛋"的制作：

同学们，番茄的皮比较滑，我们在切番茄的时候动作慢一点，一定要注意用刀安全，如果不行的话，我们可以用叉子叉住番茄切。

炒的时候是锅烧干再倒油，没浇干就倒油的话，热油会溅出来伤到自己，所以我们在热锅之前先用干净布将锅抹干。炒的时候，电磁炉的温度在100～130度之间调控，注意观察锅的冒烟程度，烟小时调到130度，烟大时调至100度。

设计意图：通过示范、讲解，加深学生对番茄炒鸡蛋流程的印象，增强学生的安全意识。

（二）学生动手操作

现在开始制作"番茄炒鸡蛋"，请同学们动起手来，按步骤完成。开始之前，我们每一个同学领一个西红柿、一个鸡蛋。在制作过程中，请一定要注意安全。

接下来老师对学生整个操作进行巡视指导。

设计意图：通过要求每一个学生都能完成番茄炒鸡蛋的制作，提高他们的生存技能。

活动四

劳动成果展示、品尝、评价

现在我们每一位同学领一张贴纸并写上自己的名字，写好后贴在自己作品的前面。

请同学们领一个碗，一双筷子。一会儿我们品尝同学和自己制作的"番茄炒鸡蛋"并说说味道好还是味道不好。接下来老师把同学的作品分给学生品尝，完成学生自评、互评评价表并进行统计。

设计意图：通过品尝劳动成果，感受劳动成果的魅力；利用评价表，让学生更好地了解自己制作的菜品的优势和不足，为下一次的制作提供借鉴。

"番茄炒鸡蛋"菜品评价表

姓名	评价内容	
	味道好	味道一般
×彤		
×辰		
×明		
×烨		
×炜		
×翔		
×俊		
×锋		
×佩		
×焱		

活动五

清洗工具、清洁厨房，做好垃圾分类

同学们的"番茄炒鸡蛋"已经品尝完，接下来要完成我们的常规工作了，大家知道是什么任务吗？

学生：搞卫生。

接下来老师分组，指定组长，再由组长对组员进行分工，完成清理工作。

设计意图：让学生知道，劳动后要及时清理，培养学生良好的劳动习惯；通过垃圾分类，提高学生垃圾分类能力，培养环保意识。

十　小结

今天我们学做"番茄炒鸡蛋"，大家觉得容易吗？

学生：不容易。

接着我引导学生换位思考：做好一件事并不容易，我们要珍惜别人的劳动成果。爸爸妈妈每天除了上班以外，回家还要为你们做饭，你们觉得他们辛苦吗？

学生：辛苦。

接着我对学生进行情感渗透：是的，爸爸妈妈每天都很辛苦，我们要热爱劳动，在家多做家务活，只有这样，爸爸妈妈就不会那么辛苦了。

十一　课后拓展

回家为爸爸妈妈做一道菜——"番茄炒鸡蛋"，拍视频或照片发给老师。

十一　教学反思

在"番茄炒鸡蛋"这个环节，我之所以要求每个学生都能掌握，是因为曾经有一位家长对我说过，她的孩子来我们学校之前，动手能力差，在家的饭菜都是家长包办，连简单的家常菜也学不会。经过在我们启能班两年半的学习，有一次她生病时，孩子居然能照顾她一日三餐，她很感动。所以在我的生活教育课中，我要求每个学生都要学会生存技能。为了学生能达到这一目标，我对学生进行分层教学。这节课，学生能基本达到教学目标，情况良好。但存在以下三个问题：

1. 由于学校配备的是电磁炉，火力难于控制，学生在温度调控方面不够灵活，一般需要老师的指令调节温度。

2. 个别学生无法判断番茄是否炒软了，需要借助闹钟提醒。

3. 同一菜品需反复操作。

“番茄炒鸡蛋”劳动任务评价表

姓名：

评价类别	评价标准	评价等级
劳动技能	1. 掌握番茄炒鸡蛋的流程； 2. 能正确使用烹饪工具； 3. 烹饪工具摆放整齐，劳动区域干净。	A. 能正确使用工具，独立完成番茄炒鸡蛋的制作 ☐ B. 基本能正确使用工具，在老师指导下能完成番茄炒鸡蛋的制作 ☐ C. 未能正确使用工具，无法完成番茄炒鸡蛋的制作 ☐
参与合作	1. 态度认真积极； 2. 善于聆听； 3. 服从安排，分工合作，配合完成任务。	A. 态度积极，听从指令 ☐ B. 态度良好，基本听指令 ☐ C. 态度一般，不听指令 ☐
安全意识	整个过程安全有序。	A. 安全意识强，无危险动作 ☐ B. 安全意识一般，出现小意外 ☐ C. 安全意识待加强 ☐
劳动成果	1. 目标完成，达成老师布置的任务； 2. 菜品酸甜美味，不过咸，没烧糊。	A. 任务完成，效果优秀 ☐ B. 任务基本完成，效果良好 ☐ C. 任务无法完成，效果差 ☐

"番茄炒鸡蛋"流程图

1. 清洗鸡蛋、番茄	
2. 切	
3. 打鸡蛋	
4. 烧干锅，下油	
5. 蛋液下锅，炒好铲出	
6. 锅中下油，倒入番茄（5分钟）	
7. 加入炒好的鸡蛋，加盐、糖，翻炒（约1分钟）	
8. 关火，铲出装盘	

我为校园添春色

——三都职校劳动教育教学设计

三都水族自治县民族中等职业学校　王成　潘珍美

■ 一　背景分析

2020年3月20日，《中共中央　国务院关于全面加强新时代大中小学劳动教育的意见》发布，该意见中明确规定"中小学劳动教育课每周不少于1课时"。由此可见，现阶段的中学劳动教育课并非中学教育阶段中"可有可无"的课程，而是关系到学生全面发展的"必修课"，根据《贵州省教育厅贯彻落实〈关于全面加强新时代大中小学劳动教育的实施方案〉的通知》文件精神，为加强我校劳动教育，构建德智体美劳全面培养的教育体系，促进学生健康成长。在此背景下我设计了《我为校园添春色》校园花草树木施肥劳动教育课。

■ 二　劳动教育目标

认知目标：通过本次花草树木施肥劳动课，学生知道如何爱护环境，爱护花草树木。

技能目标：通过花草树木施肥活动体验，学生能够将动手能力与劳动教育实践能力相结合。

情感目标：通过劳动教育，学生意识到责任和保护环境的重要性，激发学生吃苦耐劳的精神。

三 劳动教育内容

将德育教育与劳动教育有机结合起来，让学生积极地参与劳动，通过花草树木施肥实践活动，真正理解劳动的意义，学会珍惜他人劳动成果，感受劳动后所带来的幸福与成就感，养成良好的劳动习惯。

四 教学策略

（一）学情分析

目前，我国家庭环境与生活环境有了很大改善，很多学生自身所能接触到的劳动项目在不断减少，能体验劳动的机会也越来越少，所以学生在内心对于劳动就没有一种正确的概念和认识，而且现代很多家庭对儿女的溺爱，不让学生参与到任何的劳动之中，久而久之，学生就会对劳动教育的意识大大降低，劳动技能弱化。

（二）教学方法

直观演示法、活动参与法、小组合作学习法。

五　活动准备

预约邀请专业技术人员，准备劳动工具、肥料。

六　设计思路

七　活动安排步骤

（一）准备阶段

1. 分配任务：学生查阅对花草树木施肥相关知识。

2. 邀请农业局技术人员：提前预约技术员到校对学生进行花草树木施肥指导。

3. 安全排查：对实践区域进行实地安全隐患排查，做好安全。

（二）实施阶段

1. 实地观察导入：实地观察花草树木的长势，教师提问："同学们，观察我们现在所在身旁的花草树木与花园、公园里的花草树木有什么不一样的呢？"引出校园花草树木较为枯萎，长势不漂亮，而花园和公园里的花草树木茂盛、漂亮。导出校园花草树木也需要补充营养，才能长得枝繁叶茂。

2. 小组分享：通过分享课前收集的关于花草树木施肥的相

关知识（花草树木施肥方法及注意事项），引导学生对劳动教育的思考。

3．集体学习：专业技术人员介绍花草树木生长的相关知识，并对各小组的分享进行点评，重点讲解如何施肥（掌握花草树木施肥的方法）。

4．劳动实践：通过专业技术人员的指导，现场给花草树木施肥。同学们认同劳动教育，相信自己能做好这次劳动，积极、严格地按照操作流程在规定时间内完成本次的花草树木施肥活动。

5．情感升华：通过劳动体验，学生体会劳动的乐趣，激发学生关注环保、参与环保和爱护校园的热情，培养学生吃苦耐劳的精神。

（三）拓展阶段

利用周末时间给自家庭院花草树木施肥并拍照，在QQ群打卡。

八　教学效果

1．通过本次劳动体验，学生知道了花草树木施肥的流程和施肥方法及合理选择劳动工具的使用。

2．通过劳动实践，提高了大家的劳动体能和技能，加强了班级老师与同学之间、同学与同学之间的协作和凝聚力。激发了学生关注环保、参与环保和爱护校园的热情。

九 教学反思

本课由于实践性强，且学生有着迫切的操作欲望，通过技术人员现场授课、学生自主尝试、互帮互助等形式，让学生在劳动任务的驱动下开展活动，激发了学生的劳动热情。在具体的实践活动中，同学们表现出很强的实践能力和小组互帮互助的良好作风。通过任务的驱动，学生们逐步掌握了合理选择工具的使用，有序地进行施肥，同时渗透德育内容，既培养了学生良好的劳动习惯，也获得了成就感。

劳动课前先做好分工，做到人人有事做、事事有人做，提倡高效，速战速决。本课劳动时间不长，并注意了劳动强度，学生积极参与兴趣浓厚，按时完成了劳动任务。

劳动教育课程系列实践活动设计

——"我们的后花园"植物种植活动

广州市旅游商务职业学校　余剑琴

摘　要　劳以修身、动以养德，为了响应国家对新时代劳动教育的号召，让学生能够德智体美劳全面发展，2135班按照学校的德育教学计划，开展了名为"我们的后花园"的植物种植劳动教育系列实践活动。通过18周的整体化系列活动设计，学生的综合能力得到了提升，劳动教育和德育教育也得到了有机的渗透和融合。

关键词　劳动教育；绿色校园；植物种植；德育教育

一　活动的背景

2020年3月，《中共中央　国务院关于全面加强新时代大中小学劳动教育的意见》发布，2020年7月，教育部印发了《大中小学劳动教育指导纲要（试行）》，国家对于学生劳动观念的培养、劳动习惯的养成和劳动技能的提升是越来越重视。劳以修身、动以养德，为了响应国家对新时代劳动教育的号召，让学生能够德智体美劳全面发展，2135班按照学校的德育教学计划，开展实用有趣的劳动实践活动。

在传统的劳动教育活动中，劳动教育通常是分主题进行的，比如叠衣服、钉扣子、做点心等。虽然活动比较多样化，但是活动主题之间会缺乏关联性，老师要组织这么多不同主题的活动其实也是很费时费力，而且很多活动只局限于课堂之上或者课后作业，没有连续性，学生热闹过后就会很快忘记，效果并不是特别理想。因此，在设计这个学期的劳动教育活动时，我尝试设计了一个以学期为单位的劳动教育系列实践活动。

二 课程的设计

不同于以往多个独立主题的活动设计，该系列活动设计是以一个学期一个主题的整体设计。结合最近学校对绿色校园建设的号召，以及本班课室后面有一块6平方米的小空地，我们班经过了激烈的讨论，从五个选题中投票选出了"植物种植"这一主题。在天时、地利和人和三方面的促进下，名为"我们的后花园"的劳动教育系列实践活动就诞生了。全班同学分成七个小组，经过前期的调研和讨论，选择自己感兴趣的植物进行为期一个学期的植物种植活动。通过"选择植物—制订计划—实施劳动—收获快乐"的模式培养同学们的劳动意识和环保意识。根据我们劳动课的排课安排将整个活动分成九个阶段，每个阶段两周。以下为具体的活动设计。

周数	内容	主要内容
1-2周	选择植物	1. 调查应季可栽种的植物，确定备选项 2. 选择具体的栽种植物
3-4周	准备种植	1. 采购或者自制种植用的植物种子、花盆和用具，清理和布置种植场地。 2. 制定种植计划
5-6周	体验种植	1. 播种或者移植植物 2. 完成第一次浇水、施肥和修整等操作，并做好记录
7-8周	期中分享	1. 分享在第一阶段种植过程中的经验和收获 2. 提出和解决在体验种植过程中出现的问题
9-10周	调整计划	1. 收集相关植物的种植经验和技巧 2. 对之前制定的种植计划进行调整
11-12周	计划实施	1. 实施调整后的种植计划 2. 做好记录，比较计划调整前后的效果
13-14周	经验交流	1. 各小组间交流种植的经验和趣事 2. 各小组通过制作视频，公众号推文等方式进行分享
15-16周	收获成果	1. 收获种植成果 2. 将种植成果制成食物、用品等，和自己的朋友亲人分享
17-18周	期末总结	1. 期末整体活动效果总结 2. 制定下学期的劳动教育活动计划

三　设计的亮点

（一）增强关联度延展性

对劳动教育活动进行整体化系列化设计，各阶段活动之间的连贯性加强了，可以弥补传统劳动教育关联度不足的缺点。学生的劳动场所不仅仅局限在课堂上，可以向课后进行延伸，渗透在学生的日常生活中。学生会根据制订的计划开展实践活动。比如学生一般会在早上回校后进行浇花，课后时间进行施肥、修整和捉虫，周末的时候根据天气预报对植物的位置进行调整，等等。而劳动教育常规课堂主要进行经验分享、问题解决以及植物生长进度等汇报。

图1 下雨天的位置安排

（二）提升综合实践能力

在劳动实践活动中，学生不仅仅只是掌握某一种技能，而是更需要综合能力的运用。比如学生在对植物调研的过程中需

要应用到组织调研和分析数据的能力；在种植植物的过程中需要掌握相关植物种植的知识和具体做法；在收获成果过程中需要应用到烹饪知识或者动手制作能力；等等。所以在完成了各阶段的劳动实践活动后，学生的综合能力和动手能力会得到很大的提升。

图2 学生动手种植

（三）配合德育教育开展

图3　和低年级同学结对子

在每一阶段的活动中，可以将德育教育和思政内容有机融入渗透进去，让学生在劳动的时候能够有所感悟。比如在植物调研过程中，可以让学生了解国家的环境现状，培养学生的环保意识；在学生总结分享的时候，可以和低年级的同学进行结对子，开展劳动教育的传承；在体验种植的过程中，可以让学生感受生命的可贵和美好，开展生命教育；在收获成果的时候，可以引导学生和家人长辈分享自己的劳动成果，开展感恩教育；等等。

四　学生的反馈

同学们对于这种劳动教育系列活动特别感兴趣，参与度也很高。以下摘录了部分小组的活动心得汇报：

（一）花–月季组：

其实我们组一开始想种的并不是月季，而是玫瑰，因为我们觉得，玫瑰花所代表的热烈、爱情，很美好，很让人憧憬。但是仔细一想，比起玫瑰花的热恋，我们更加憧憬于月季花所代表的幸福、快乐、等待和希望。

我们虽然都是从小花苞开始种起，但是我们自始至终都没有怠慢，很专心通过网上搜索，听老师指导来了解学习月季的生存需求，如多久浇一次水，喜不喜欢晒太阳。这几天雨季，我们便会把花给移至走廊，太阳出来时我们会搬回去，并且每天都会浇水，间断性施肥，遇到枯叶我们也会及时剪掉，丝毫没有怠慢。

我们认为，我们种植的不仅仅是一盆劳动课的作业，这更是我们小组对未来的憧憬和期望，希望老师和同学们都可以幸福快乐，就好像月季花的花语一样，希望我们精心呵护的花朵与大家一样，可以在我们的校园中健康快乐地成长。

（二）树–柠檬组：

柠檬是一种适宜温暖环境的植物，它喜欢光照，耐寒能力弱，容易缺水，还喜欢微酸的土壤。在选购柠檬到货之后，我们迫不及待地开始了种植大计。首先，要准备大小合适的花盆，选择疏松透气的微酸性土壤。随后，在花盆土壤的中间挖一个坑，把柠檬树苗移植进去。

一开始移植到后花园的柠檬叶子还有些黄，我们询问了学校地理老师严老师，听取专业的意见。根据柠檬喜欢光照和水分的特点，调整原本的方案，重新制订种植计划。按照柠檬的习性，每日早上和晚上各浇一次水，并且把柠檬放置在阳光充足的位置，接受阳光的沐浴。

种植这一棵柠檬树，是我们劳动教育课程的一项长期活动。我们能亲眼见证植物的成长，让作为青少年的我们，亲身体验在劳动中成长，在劳动中收获。我们认识到劳动才是幸福的源泉，这次的种植活动，不仅把我们团结起来，共同完成了一件事情，更是德智体美劳全面发展理念在生活中的体现。

（三）草—薄荷组：

其实在一开始的时候，我们小组在选择植物时也先是对漂亮的各种花花下手的。但是想到花花始终都是有些娇贵，种植前肯定要先了解其习性，然后制订一个完善的计划。想到我们种植经验不足，所以我们就选择了生命力顽强的草类植物——薄荷。

薄荷，又名银丹草、夜息香，是唇形科薄荷属的一种多年生草本植物。全株青气芳香，是一种有特种经济价值的芳香作物。薄荷是一种非常皮实的植物，每逢盛夏，无论是荒山野岭，还是池洼沼泽，都能见到野生薄荷的身影。它对土壤环境要求不高，只要不是过酸或过碱的土壤，一般土壤都能良好栽培，以沙质土壤、河流冲积土为好。薄荷喜光照，日照能促进薄荷生长、开花，有利于形成薄荷醇。因此，要想养出翠绿喜人、芬芳四溢的薄荷，最好让它待在温暖湿润、阳光充足的地方。

薄荷象征着期待相遇的心和高尚的品质，还代表着生命的延续与健康。薄荷虽然长相并不出众，但它的味道沁人心脾，能给人带来希望和生机。我希望我们也能和薄荷一样，虽然平凡，但是有着属于自己的骄傲。

种子虽小力量大

——劳动教育教学设计

广州市旅游商务职业学校 任巧珍

【课程名称】

"中职生劳动教育"

【教学内容分析】

本课根据《中共中央 国务院关于全面加强新时代大中小学劳动教育的意见》精神和我校劳动教育方案，全面贯彻党的教育方针，坚持立德树人的目标，把劳动教育纳入人才培养全过程，注重教育实效，实现知行合一，促进学生形成正确的世界观、人生观、价值观。《中职生劳动教育》教材第一篇为"崇尚劳动"，分六章来讲解劳动精神、劳模精神、工匠精神、劳动保障、劳动安全内容。第二篇为"体验劳动"，分家园活动、志愿服务、匠心传承、圆梦起航四个方面，重在让学生通过活动体验劳动，通过"行"的实践来加深对劳动精神、工匠精神的认知。本节课选择"体验劳动"中的第七章"家园活动"，教材中有寝室内务整理教学内容，考虑到只有小部分同学在校住宿的实际情况，我们把活动改为生豆芽劳动体验课。教育过程中除贯彻劳动精神教育外，还培养学生形成珍惜粮食的品质、关爱生命的意识。

【活动课时】

准备3～5天，课堂展示1课时

【教学时间】

2023年4月24日第7节

【活动对象】

2022级烹饪16班

【活动地点】

自己在家生好豆芽，北楼302展示

【课型】

新授课

【学情分析及对策】

学生为职一年级烹饪专业学生，比较活泼，对具体活动如做菜等感兴趣，对抽象理论不感兴趣。上节课学了劳动安全内容，对用电、消防、交通、操作安全有了全面的理解把握，但除了班级值日外在学校较少有劳动体验活动。

结合专业，教师通过让学生搜集材料、准备种子和工具、自己动手生豆芽、记录过程、拍摄视频、展示成果、提交劳动

报告（手册）等活动，让学生掌握生豆芽的方法，体验劳动过程的快乐，发扬劳动精神，关爱生命，增强责任意识，把事情做好。

【活动目标】

1. 学生通过网上搜集资料知道生豆芽的过程。

2. 学生通过记录自己生豆芽的劳动过程，分析生豆芽的温度、水分、阳光、压力等制约因素，学会如何提高豆芽发芽成功率，践行劳动精神。

3. 通过整个过程的记录、分析，感受生命的伟大力量，懂得种子的重要性，关爱生命。

【活动重点和难点】

重点：掌握生豆芽的条件。

难点：生豆芽的温度、水分控制。

【教学方法和学习方法】

1. 教学方法：活动体验法、项目教学法。

2. 学习方法：搜集资料、活动体验、实验报告。学生在活动中完成知识学习、理解应用、方法的掌握、情感的体验。

【活动准备】

1. 教学资源：学生记录视频、PPT课件、劳动记录、评价表。

2. 课前准备：学生上网查找资料，学生的结果材料（图片、视频、报告及豆芽成品）。

【活动过程】

活动前				
教学环节	教学内容	教师活动	学生活动	预设目标
课前准备	明确劳动主题——生豆芽。	1. 布置：学生在课前上网搜集生豆芽的过程资料，自己生豆芽。 2. 收集：学生生豆芽的视频记录。 3. 制作：ppt。 4. 准备：劳动记录手册、豆芽成品。	1. 分工：3人一组分配任务。 2. 填写：劳动记录。	学生提前准备好材料，知道大概流程。自己体验生豆芽过程，形成自己的报告。

活动中				
教学环节	教学内容	教师活动	学生活动	预设目标
（一）导入	豆芽菜的大作用。	1. 教师提问：去年新冠疫情期间，居家隔离15天，你们吃什么蔬菜？ 2. 教师讲解：16世纪哥伦布航海和郑和下西洋的故事，这个故事给你什么启发？ 3. 教师总结：豆子虽小，但力量大，关键时刻能救命。	学生思考、回答：吃冰箱备用菜和食物。网上买菜，凌晨抢菜。 绿豆芽维生素C含量高，家里常备豆子，没菜时可以自己生豆芽吃。	理解小豆芽的大作用，珍惜粮食。
（二）展示劳动成果	生豆芽的过程：泡水12小时、每天换水2次、避光存放、压力。 各种豆芽的形态。	1. 教师：我们课前要求大家自己在家生豆芽，不知道大家的劳动成果如何？ 2. 教师：有请各小组展示自己的劳动成果。 3. 教师对各小组提问：用什么工具生豆芽？哪个小组的豆芽长得最健康？ 4. 评价小结。	学生分组展示视频生豆芽过程及豆芽成品。 将绿豆塞入瓶中 有小组生绿豆芽、有小组生红豆芽、有小组生腰豆芽，还有小组生花豆芽。 小组长评分。	1. 不同豆子的芽大小不同。 2. 优秀的小组认真查找资料，准备工具，每个环节都按要求做，避免失败。 3. 没有尽心的小组、没有分工好的小组容易出问题。

（续表）

活动中				
教学环节	教学内容	教师活动	学生活动	预设目标
（三）分析问题	影响因素：时间、温度、水分、豆子品种等，最重要的是你的劳动态度。	1.教师提问：为什么有些豆芽是红色，有些是白色？哪些豆子没有发芽?如果豆子没有发芽，是什么原因？黑暗环境对豆芽生长有什么影响？压力对豆芽有什么影响？ 2.教师总结：温度、水分、豆子品种选择、压力、阳光劳动态度等因素都会影响豆芽的生长。	学生讨论回答。学生展示劳动记录，分析问题回答老师问题。透光的环境下豆芽会变红色。压力越大，豆芽越粗壮。 学生总结：黄豆、腰豆不发芽，绿豆、红豆、大扁豆、花生都发芽了。黄豆有可能是转基因大豆。	劳动意识、劳动态度要端正，才能把豆芽生好。时间长短影响豆芽的长短。我们的黄豆很多是进口美国的大豆，美国转基因豆子影响粮食生产，要有粮食安全意识，珍惜粮食。
（四）总结	增强责任意识，收获劳动果实。	教师总结：1.认真劳动收获成功和成果。感谢大家课前做的准备，通过这次劳动大家体验到什么?请你写下来。 2.没有成功的小组下周再做一次这个活动，再提交报告。 3.劳动的果实最香：今晚作业炒豆芽，录制视频，下周展示。	学生填写活动感悟表	把自己体验感悟写下来，为下一次做好活动提供依据和借鉴。

【活动后反思】

1. 有些学生的录制过程不完整，态度不认真，要反思。

2. 有个别小组忘记带豆芽来学校，要求下周重做。

3. 有小组视频没有声音和字幕，影响效果，要求回去重新加工。

4. 有小组劳动记录表忘记填写，或填写内容太简单，要求补填。

5. 教师在活动前应该分好组，这样更容易对比效果。学生不清楚自己生哪种豆芽，耽误了任务进度。

6. 教师在安排学生上台展示时间安排上要注意不要太长，否则有些小组没时间讲。

附表

表1　生豆芽活动感悟

我的付出	
我的收获	
我的感悟	
活动剪影	（照片张贴处）

表2　劳动记录

时间	温度	工具、环境、条件、程序、劳动保护等
年　月　日		
年　月　日		
年　月　日		
年　月　日		
年　月　日		

表3　活动评价表

评价对象：	学号：	分值	自评（50%）	组（长）评（50%）
评价指标				
劳动态度	课前认真查找资料并准备材料，按时完成任务。	20分		
课堂表现	积极参加各项学习活动，积极回答问题，合作能力强。	40分		
劳动成果	劳动作品成功完成，视频拍摄完整，劳动记录完整，表现优秀。	40分		
评价结果：				
评价等级：				

文创杯垫制作活动教学设计

广州市旅游商务职业学校　潘莉馨

【课程名称】

文创杯垫制作活动

【教学时间】

2023年5月11日第3节

【活动对象】

2224班

【活动地点】

北教学楼403室

【课　型】

活动课

【活动目标】

知识目标：认识文创杯垫的制作方法。

能力目标：设计并动手制作文创杯垫。

情感目标：理解我校烹饪与健康系系训的含义，产生认同感，并确立奋斗目标。

【活动重点和难点】

教学重点：学习制作文创杯垫。

教学难点：将系训文化元素融入到杯垫的图案设计中，使其具有文化内涵。

【活动准备】

（一）组织全班同学观察我校烹饪与健康系实训大楼一楼入口外墙，认识系训，了解其含义，提高思想认识，端正劳动态度，培养专注和耐心的品格。

（二）观看杯垫的图片资料、视频片段，学习文创杯垫的制作方法。

（三）分组，大约6名同学组成一个小组，全班同学分成8个小组。各组推选一名同学当组长，组长选定系训中一个词作为设计内容。系训中每个词分别给两个小组用于设计。

（四）观察生活中所用杯垫的图案设计，每位同学自行设计一款杯垫，做出设计草稿。

（五）准备制作杯垫所需材料和工具（白色圆形卡纸、冷裱膜、彩色马克笔、黑线笔、签字笔、铅笔、橡皮、直尺、剪刀等）。

（六）准备多媒体设备、实物投影仪等。

（七）准备场地，分组摆放书桌、椅子。

【活动过程】

（一）按座位就近分成8组。各组负责人应在活动前再次强调安全事项。

（二）组长领取制作杯垫的材料。

（三）组长将材料分发给组员。

（四）在白色卡纸上书写烹饪与健康系系训"厚德行，精技艺，立宏志，为儒厨"其中一个词，并画上装饰图案。

（五）用彩色笔美化文字、图案。一方面要展示自己的个性，另一方面要展示烹饪专业的独特亮点。

（六）用冷裱膜粘贴在白色卡纸上，铺平，用剪刀剪掉多余部分。

（七）完成杯垫的制作，并在小组中分享。

（八）由小组代表依次汇报制作杯垫活动体会，分享劳动成果和喜悦。用实物投影仪展示本组优秀作品，讲解制作的构思，表达的思想，呈现的效果等。组长代表本组进行自评，指出活动中的亮点与不足，并提出改进建议。

（九）班主任对本次活动进行总体评价。宣传爱系如家，践行工匠精神的理念。

（十）组长做好收尾整理工作。收齐文具并归还老师。每个小组的卫生委员提醒组员清理制作杯垫时所产生的垃圾，整理活动区域，桌椅归原位。

（十一）由同学们自行拍照留念，并填写活动感悟的表格，然后插入作品图片。完成后上传表格至企业微信班群，劳动作业收集表链接中。

【活动安全】

（一）安全

剪刀比较尖锐、锋利，学生要正确使用剪刀，注意安全。

（二）纪律

1. 服从老师管理，认真听课，专注制作自己的作品。

2. 学生经小声讨论后，由组长举手发言，介绍本组最佳作品并陈述作品的创意。

（三）卫生

1. 每位同学的卫生区域为"以自己为圆心，一米为半径画圆"，该圆形区域就是自己所管辖的卫生区域。

2. 每个小组的卫生委员负责督促组员做好本小组卫生，组员应积极配合。

【活动感悟】

制作杯垫活动感悟

我的付出	
我的收获	
我的感悟	
活动剪影	（照片张贴处）

认识旅商烹饪与健康系的系训

广州市旅游商务职业学校有"粤菜厨师黄埔军校"之称，烹饪与健康系的系训是"厚德行，精技艺，立宏志，为儒厨"。学子们将以系训为奋斗的目标，不断努力学习和实践。

厚德行

厚德行表现了中华民族具有的宽广胸襟和海纳百川的包容精神。烹饪与健康系学子在实践中要懂得换位思考，具备沟通协调能力和团队合作意识。

精技艺

精技艺表现为精益求精的工匠精神。"执着专注、精益求精、一丝不苟、追求卓越。"2020年11月24日，在全国劳动模范和先进工作者表彰大会上，习近平总书记高度概括了工匠精神的深刻内涵。学子们要在专业学习上不断精进与突破，掌握精湛技艺。

立宏志

立宏志是指树立远大的理想与志向。"宏图寄党恩，志远为国强"，学子们要有宏图大志，建功立业的人生追求。以技能报国，做时代新人，努力成为国家栋梁之材。

为儒厨

为儒厨是一种基于中国传统文化"儒家"思想的人才培养理念。学子们要具备良好的思想品德，成为爱国爱党，有社会责任感的人才。

【活动反思】

　　本课结合烹饪与健康系系训设计活动内容，将专业精神融入到德育中，思想性强，有教育意义和专业特色。手工制作文创杯垫，可以培养和发展学生的创新思维，加强学生的劳动教育，体会劳动创造美好生活的意义。学生在做中学，人人参与活动，自由发挥所长，互相观摩学习，制作出独一无二的作品，增强学习的自信心并获得成功感。

　　反思教学，可以在以下几方面做改进。在学生制作前，教师先示范操作环节，尤其是粘贴冷裱膜的步骤，增强教师的指导作用。学生制作时，除了播放背景音乐，还可以播放包含设计元素的图片，例如展示系训的实训大楼外墙，专业实操课的作品，还有本次活动课前小组讨论的剪片，等等。以上有助于创设情境，加深学生对本次活动的印象，强化学生对专业的认同感。为了让学生有更充足的时间制作和展示作品，本活动可以安排两课时完成，第一课时示范和制作，第二课时展示与交流。

五彩劳育悦生活

PART 5

文艺
作品

诗歌
劳动颂

广州市城市建设职业学校
吴慧怡

作品：《劳动颂》
作者：吴慧怡
地点：云南省大理白族自治州喜洲古镇
事件：古镇人民扎染工艺成品展示
时间：2023年1月25日

人生在勤，
勤则不匮
生命不息，
劳动不止

劳动，
种植五谷杂粮，收获粮食
使用生产劳动工具，
丰产丰收，繁衍生息

劳动，
打造蜿蜒长城、四海九州
变浩瀚荒原种千亩良田
变险滩恶水呈绿水青山

劳动，
解放国家，改革开放
迎来崭新的时代华章，
一艘艘神舟跃上太空，
一条条蛟龙潜入海底

劳动，
昼夜不停，筑起安全屏障
为身陷灾情和疾病苦痛中的人们
奏响了铿锵有力的强音，
谱写了可歌可泣的抗疫史诗

人生在勤，勤则不匮
赓续劳动，躬行劳动

秋 缕

晓晨知我勤，娇莺恰恰啼。
烈日在当头，轻汗透素衣。
春风吹绿意，稻田送佳期。
夕阳落河边，常看夜河潭。

广州市信息技术职业学校　蓝洁轩

2023年5月10日

书法

《劳动创造幸福》
广州市旅游商务职业学校　王勇

（唐·韩愈）《进学解》节选
广州市旅游商务职业学校　朱月亮

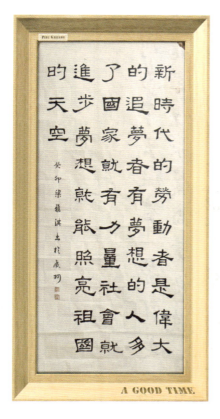

《人民日报金句》
广州市旅游商务职业学校　梁雅淇
（指导老师：黄静瑜）

《人民日报金句》
广州市旅游商务职业学校　文滔
（指导老师：黄静瑜）

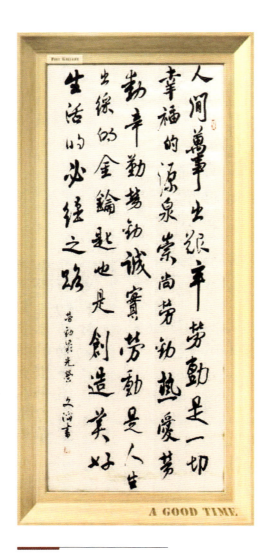

《人民日报金句》

广州市旅游商务职业学校　文滔

（指导老师：黄静瑜）

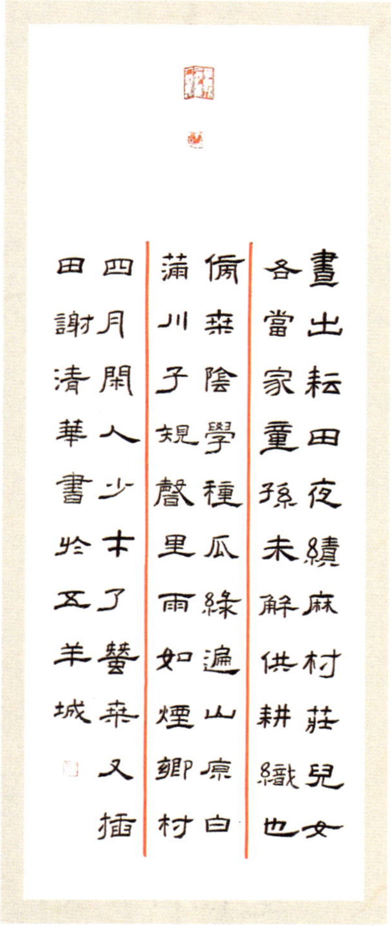

（宋·范成大）《右晚春田园杂兴
十二绝》
（宋·翁卷）《乡村四月》
广州市信息技术职业学校　谢清华
（指导老师：郑继才）

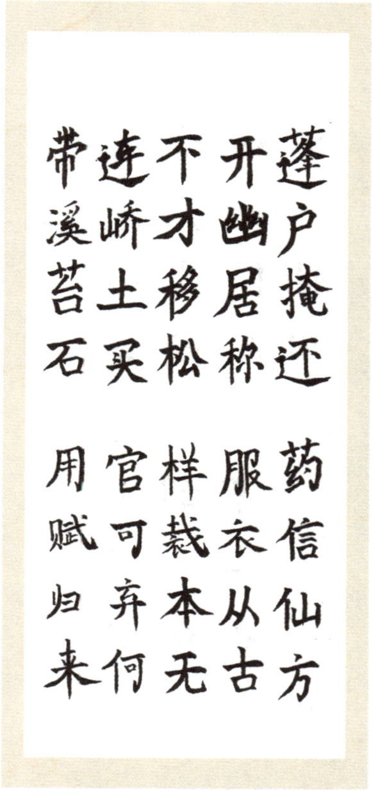

（宋·翁卷）《幽居》
广州市信息技术职业学校　谢泽锋
（指导老师：郑继才）

（宋·翁卷）《乡村四月》

广州市信息技术职业学校　李佳鎏

（指导老师：郑继才）

（东晋·陶渊明）《归园田居·其三》

广州市信息技术职业学校　于腾辉

（指导老师：郑继才）

绘画

《劳作集市》
广州市信息技术职业学校　陈宥而

水彩画

《搬家》

广州市旅游商务职业学校　潘晓晴（指导老师：朱月亮）

《搬运》

广州市旅游商务职业学校 余虹霏（指导老师：朱月亮）

《菜农》

广州市旅游商务职业学校　谭茵琪（指导老师：朱月亮）

《大扫除》

广州市旅游商务职业学校　梁晓彤（指导老师：朱月亮）

《伐木工》

广州市旅游商务职业学校　黄惠（指导老师：朱月亮）

《负重前行》

广州市旅游商务职业学校　陈晓亮（指导老师：朱月亮）

《建筑工人》

广州市旅游商务职业学校　叶盈（指导老师：朱月亮）

《扫地工人》

广州市旅游商务职业学校　张安祺（指导老师：朱月亮）

《市场一角》

广州市旅游商务职业学校　康晓雪（指导老师：朱月亮）

《维修工人》

广州市旅游商务职业学校　侯金娣（指导老师：朱月亮）

五彩劳育悦生活

PART6

系列
活动

总统筹｜陈晓璇

执行统筹｜吴海梅　蔡旭嘉　杨雅

文字｜林文惠　钟紫佩

视频｜陈迪龙　陈明谦　钟钦

劳育赋能职业教育，
让工匠精神内化于心外化于形

2022年羊城学校劳动教育职业体验活动正式启动

文/羊城晚报记者　崔文灿　图/主办方供图

美甲、缠花、香囊、发簪……"坊主们"慧心巧思，不一会工夫，一件件活灵活现的手工作品便出现在人们面前，这些"坊主"正是广州市旅游商务职业学校（下称"广州旅商"）的学生。6月24日上午，2022年羊城学校劳动教育职业体验活动在广州市旅游商务职业学校启动，场外工作坊劳动硕果累累，场内劳育分享干货满满。

该活动由广州市教育局主办，广州市旅游商务职业学校承办，羊城晚报教育发展研究院协办。当天上午的启动仪式上，全国劳动模范、工匠大师、非遗传承人及企业代表、学校代表和学生代表圆桌对话，共叙如何在劳动中培育工匠精神和家国情怀。

"结合德智体美，促成劳动向劳动教

看广州劳动教育基地学校如何打造特色中小

『结合德智体美，促成劳动向劳动教育的转变』

6月24日下午，主题为"助力劳动教育，赋能职业教育"的广州市劳动教育基地学校研讨交流活动在广州市旅游商务职业学校举行。15所劳动教育基地学校代表齐聚一堂，分别汇报开展劳动教育基地学校工作情况并展开研讨。活动特邀北京师范大学教授、教育学部学术委员会主席檀传宝通过线上连线带来高端讲座，华南师范大学教师教育学部廖文博士担任主持。檀传宝教授的论述高屋建瓴，深入浅出，如何破解"有劳动没教育"这一现象的话题引发众人的思考。

高端讲座

主讲人：北京师范大学教授、教育学部学术委员会主席檀传宝

破解"有劳动没教育"现象

何为劳动教育？为何会出现"有劳动没教育"的现象？教育工作者又该如何解决？在现场，檀传宝在线上带来主题为《人的全面发展与劳动教育》的课程，解读"全面发展"的劳动教育与德育、智育、体育、美育的关系，为线上线下的劳动基地学校代表带来思路与观点的启迪。

檀传宝以自己在过往经验中观察到的故事为例，提到以往让学生接触劳动的做法停留在劳动表面，许多知识也被刻板地传递，未能起到劳动教育的作用。他引用著名教育学家黄济的观点，表示："劳动如果没有与之相伴随的教育，就不可能达到应有的教育作用，甚至可能成为一种单纯消耗体力的过程。在劳动中也需要特别注意帮助学生克服好逸恶劳、轻视体力劳动和体力劳动者的思想。"

现场，檀传宝举了一个例子，"让学生在农业劳动的时候，是不是可以有一个标牌告诉他们这是什么品种？养护的时候需要注意什么？水浇到什么程度叶子会发黄？如果不将知识和实践联系起来，劳动就像像旅游一样'逛一遍'。"

让劳动变成

檀传宝认为，让劳动变劳动教育，需要让劳动与德智、体、美四方面教育建立系。之所以这样说，是因为他看来，德、智、体、美四个面的教育是对人基本素养培养，是一个完整的教育系。"德育讲意志，智育讲知，体育谈身体，美育是情操这四个领域结合得好，就是整的教育。"而在基本素养育完成后，需要劳动作为纽带，学以致用，与世界建立系。檀传宝引用了马克思义劳动价值观，表示人的发其实是"体力与脑力的结合而结合的方式体现在学习过程中便是教劳结合。

由于时间关系，檀传宝点分享了如何将德育、智育劳动教育相结合的思考。"劳动教育需要有德育，如何向育建立联系？我认为我们要向孩子传递一种观念，那是所有的产品、服务、价值是由劳动创造，帮助孩子拓

羊城晚报记者 王沫依 图/主办方供图

的转变"

教育样本

广州市中小学生劳动教育基地学校研讨交流活动现场

过程

多得，最好能够⋯一些观点。"

是要在劳动中鼓励⋯加强劳动与脑力的⋯宝以手机举例，表⋯人的生活离不开劳⋯是一种创造性的劳⋯就是一种脑力劳⋯到。而在其中，脑力⋯大的比重。

特别提到，劳动没⋯，体力和脑力劳动⋯巨大的社会价值，⋯非常辛苦，他们让⋯净整洁；杰出的科⋯科学研究，成果也是⋯只需要承认不⋯形式创造出价值的⋯明白他们的劳动同⋯格同样平等，他们⋯的劳动供养家庭，⋯美好。"他的发言⋯的深刻共鸣，现场⋯响起阵阵掌声，交⋯。

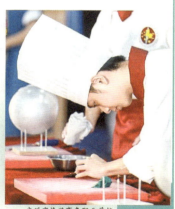

广州市旅游商务职业学校
学生刀工展示

主讲人：广州市15所中小学劳动教育基地学校代表

研讨分享

在广州，15所中小学劳动教育基地学校都落户职业院校，这里具有丰富的职业体验课程，有着落实劳动教育的天然优势。职业学校如何发挥对中小学劳动教育的作用？同时，作为中小学生劳动教育基地学校的职业院校，如何构建和实施劳动教育课程体系、学校的职业体验课程如何为劳动教育赋能？职业教育视野下的劳动教育又有哪些新样态和创新评价方式？研讨会上，各基地学校代表对该问题展开热烈的讨论，大家汇报各自劳动教育的成果，抒发劳动教育心得。

课程先行扩展劳动教育资源

劳动教育，课程先行。现场，不少院校分享了关于劳动教育课程设置的经验。广州番禺职业技术学院提到，在三年制的学习课程中，每个学生都必修劳动专题教育以及劳动实践课，通过网络平台授课、专题讲座、劳动周等方式开展；广州市旅游商务职业学校则别出心裁地将劳动教育与研学实践结合在一起，针对中小学生开展"一场馆，双导师，三环节，四学段"的特色职业体验课程，利用学校的实训场馆和行业大师等优秀资源，让学生切身体会劳动过程，感悟工匠精神，并致力于探索基于中国学生核心发展素养的评价体系，引导学生和家长科学认识自身；广州市交通运输职业学校注重职业启蒙教育课程的研发，立体多维地对学生开展劳动教育资源，通过对学生日常生活、专业生产、服务性劳动三个方面进行系统性梳理，共建生活劳动教育课、职业启蒙读本以及生活劳动教育读本；广州市花都区理工职业技术学院则针对中小学生打造了8堂劳动课程，结合本校专业以及师资进行课程标准和机制模式的制定，形成家庭、学校、社会三位一体的劳动教育活动体系。

开发特色劳动教育项目提升能力

除了基础课程的设立，不少学校还开发了极具特色的劳动教育项目。广州市轻工职业学校就根据自身特色，面向中小学生开展了包括玉雕、剪纸、乞巧等在内的6个非遗项目课程，并根据小学一年级至六年级、初中、高中不同学段来设置不同难度的课程，并挖掘美学、历史等文化元素，形成非遗劳动特色课程；广州市铁路职业技术学院利用自身铁路专业对口率高的优势，打造了包括无人机组装拼接、地铁模拟驾驶、轨道交通服务等项目课程，并结合春运、会展等节点，开展特色劳动项目，提升学生的相关能力。作为省级"粤菜师傅"培训基地，广州市白云行知学校借助这一平台，积极开拓区内劳动教育实践活动和公益性劳动的体验活动，并派出教师团队前往白云区初中开设劳动实践课，简单实用，参与性强，受到了学生的欢迎；广州市黄埔职业技术学校则开展了包括大型文艺演出思潮、社区街道保洁等方面的志愿活动，鼓励学生参与劳动，加强劳动教育与感恩教育；广州市番禺区工商职业技术学校通过申报乡村振兴的自然科普，立足广州，立足番禺，传承岭南历史文化底蕴，在发扬中华优秀传统文化方面取得了较好的效果。

劳动，羊城少年的暑期打开方式

——走进劳动教育基地以职业体验 为劳动育人作生动注释

5场劳动教育实践活动

暑期劳动教育系列研学活动第一站 ————

学子们化身小小茶艺师，
开启"职业初体验"

报道链接

　　悠悠清茶香，拳拳学子心。8月8日，"五彩劳育悦生活 缤纷职业初体验"2022羊城学校劳动教育职业体验活动——暑期劳动教育系列研学活动正式拉开序幕。第一站活动，学生们来到瑞丰茶馆，化身小小茶艺师，在古色古香、茶香四溢的茶馆里开启"职业初体验"。

　　本系列活动由广州市教育局主办，广州市旅游商务职业学校承办，羊城晚报教育发展研究院协办。

 暑期劳动教育系列研学活动第二站

探索神奇的蘑菇世界，

解锁蘑菇小知识！

报道链接

食用菌有什么神奇功效？

如何鉴别灵芝？

关于毒蘑菇的误区有哪些？

8月9日，带着一个个跳动的疑问，"五彩劳育悦生活 缤纷职业初体验"2022羊城学校劳动教育职业体验活动——暑期劳动教育系列研学活动第二站走进了广东省微生物研究所，25组家庭齐齐探索神奇的蘑菇世界，兼顾趣味性与实用性的参观体验活动让学生与家长连连点赞。

本系列活动由广州市教育局主办，广州市旅游商务职业学校承办，羊城晚报教育发展研究院协办。

暑期劳动教育系列研学活动第三站

体验农耕魅力，
领悟农耕精神

报道链接

"珍珠"做的土壤？
用水制冷的"空调"？
长在半空的小西瓜？

　　小小的脑袋，大大的疑惑。8月10日，同学们踏上了"五彩劳育悦生活 缤纷职业初体验"2022羊城劳动教育职业体验活动——暑期劳动教育系列研学活动第三站的旅途，在隆平院士港青少年农科实践教育基地，化身农耕人，学习农耕文化，感悟农耕精神，进行作物栽培，体验自给自足的快乐！

　　本系列活动由广州市教育局主办，广州市旅游商务职业学校承办，羊城晚报教育发展研究院协办。

暑期劳动教育系列研学活动第四站

茶园寻清茗，
制茶乐趣多！

报道链接

走进茶园

　　暑假漫长，但每一天的乐趣都不重复，"五彩劳育悦生活 缤纷职业初体验"2022羊城学校劳动教育职业体验活动正在火热进行中，不同的体验活动让学生变换角色，收获劳育崭新体验。8月11日，活动的第四站走进位于黄埔区岭头的黄埔红红茶创意园，云雾环绕入眼，茶香袅袅入鼻，学员们在此与茶邂逅，在采摘茶叶中亲近自然，在制茶流程中体悟匠心。

　　本系列活动由广州市教育局主办，广州市旅游商务职业学校承办，羊城晚报教育发展研究院协办。

暑期劳动教育系列研学活动第五站

研究红军口粮，
揭秘红色文化中的生命科学！

报道链接

　　"红军不怕远征难，万水千山只等闲"。8月12日，"五彩劳育悦生活　缤纷职业初体验"2022羊城劳动教育职业体验活动——暑期劳动教育系列研学活动第五站正式开启，同学们来到了广东科学中心，重走长征路，用化学的方法探秘红军口粮中的营养结构，体会红军长征不易，领悟红军长征精神。

　　本系列活动由广州市教育局主办，广州市旅游商务职业学校承办，羊城晚报教育发展研究院协办。

2022年羊城学校劳动教育职业体验活动之
企业实践系列活动圆满举行

探生产一线寻匠心之路
学一丝不苟之工匠精神

5场企业实践活动

走进企业职业体验实践活动第一站

探访益力多工厂，
寻找一瓶益力多背后的故事！

报道链接

饮支益力多，好处多多，你今日饮咗末？

　　8月22日，"五彩劳育悦生活，缤纷职业初体验"2022羊城劳动教育职业体验活动——走进企业职业体验实践活动第一站正式启程！跟随着前往益力多的巴士，怀着八月阳光般浓烈的好奇心，同学们踏上了探索益力多背后故事的奇妙之旅！

　　本系列活动由广州教育局主办，广州市旅游商务职业学校承办，羊城晚报教育发展研究院协办。

02

走进企业职业体验实践活动第二站

打卡广汽丰田，
向奇妙的汽车世界出发！

报道链接

羊城的八月炙热未曾减缓，"五彩劳育悦生活，缤纷职业初体验"2022羊城劳动教育职业体验活动也依旧火热进行，步伐持续向前向远。8月23日，走进企业职业体验实践活动第二站带着同学们走进了广汽丰田，走向了奇妙的汽车世界。汽车是如此寻常的交通工具，背后却大有乾坤！

本系列活动由广州市教育局主办，广州市旅游商务职业学校承办，羊城晚报教育发展研究院协办。

03

走进企业职业体验实践活动第三站

探秘广州铁路博物馆，
回望波澜壮阔铁路史！

报道链接

"火车火车呜呜叫，穿山洞，过大桥。"

　　广州铁路给人们的生活带来了数不胜数的便捷，但它是如何蓬勃发展至如今的盛况呢？带着这个疑问，满怀热情的同学们踏上了"五彩劳育悦生活，缤纷职业初体验"2022羊城劳动教育职业体验活动第三站的神奇铁路文化之旅，探秘广州铁路博物馆，回望波澜壮阔的广州铁路史，打开"尘封已久"的百年广州铁路记忆！

　　本系列活动由广州市教育局主办，广州市旅游商务职业学校承办，羊城晚报教育发展研究院协办。

走进企业职业体验实践活动第四站

珠江畔踏访白天鹅宾馆
——观酒店，悟匠心

报道链接

　　入秋后的天气总是不似预期，台风"马鞍"的造访能短暂赶跑凶猛的"秋老虎"，却吹不走同学们对暑期实践的热情。8月25日，"五彩劳育悦生活，缤纷职业初体验"2022羊城劳动教育职业体验活动——走进企业职业体验实践活动的列车如约而至，准时准点停靠在了第四站——广州白天鹅宾馆。走进羊城地标、文物建筑之一的白天鹅宾馆，同学们又会收获怎样的新体验呢？

　　本系列活动由广州市教育局主办，广州市旅游商务职业学校承办，羊城晚报教育发展研究院协办。

05 走进企业职业体验实践活动第五站

走进珠江啤酒博物馆，
"啤"一下很快乐！

报道链接

明月几时有？把酒问青天。

葡萄美酒夜光杯，欲饮琵琶马上催。

醉翁之意不在酒，在乎山水之间也。

酒，又名忘忧，亦为杜康，历来是文人墨客的情感寄托。如今，啤酒作为水和茶之后，世界上消耗量排名第三的饮料，仍旧深受大众喜爱。

但，"啤酒喝多了会有啤酒肚吗？""女生喝啤酒能美容？""第一桶啤酒是怎样诞生的？"……带着种种疑问，"五彩劳育悦生活，缤纷职业初体验"2022羊城劳动教育职业体验活动第五站带同学们走进了具观赏性、娱乐性、教育性、艺术性、开放性为一体的珠江—英博国际啤酒博物馆。

虽然啤酒对同学们来说是陌生的，但提前了解啤酒文化、体验啤酒的发酵工艺也是一件蛮有趣的事。接下来，就随着羊城少年的脚步，一起开启奇妙的啤酒之旅吧！

本系列活动由广州市教育局主办，广州市旅游商务职业学校承办，羊城晚报教育发展研究院协办。

"走进劳动一线·对话大师"系列视频上线受关注和赞许

直击"守艺人"工作一线
向学子传递匠心情怀

"走进劳动一线·对话大师"

走进劳动一线①

对话陶艺大师曹锋明：
匠心与陶艺和鸣

报道链接

02

走进劳动一线②

对话杏林圣手孙升云：
以仁心为声明续航

报道链接

走进劳动一线③

对话编织大师王娟：
守住指尖上的艺术

报道链接

04

走进劳动一线④

对话盆景大师陆志伟：
将树桩玩出门道

报道链接

走进劳动一线⑤

对话宝石匠人黄宇亨：
宝石切割是追求完美的历险

报道链接

羊城晚报"走进职教课堂"系列视频获点赞

感知职业背后深藏的文化

统筹/陈晓璇
文/钟紫佩 蔡旭嘉
图/陈明谦 陈迪龙 钟钦

大道至简,实干为要。为助力青少年了解真实职业环境,向社会高质量发展输送实干型人才,2022年羊城学校劳动教育职业体验活动——"走进职教课堂"系列视频近日已全部推出完毕。该系列视频以沉浸式授课的形式分十八期推出。十八节课堂,十八般武艺。每期视频邀请不同职业的专业老师为青少年传授生动的专业知识,在镜头中向青少年展示职业教育的魅力,帮助青少年构建更清晰的职业认知。

据悉,2022年羊城学校劳动教育职业体验活动由广州市教育局主办,广州市旅游商务职业学校承办,羊城晚报教育发展研究院协办。系列视频推出后受到了业界的极大关注和赞许,在羊城晚报全媒体平台的阅读量累计超10万。

雅致与实用:
从镜头中感受手艺文化

手艺是精工出细活,耐心屑佳品。一代代手艺人的匠心追求,汇成了我国灿烂的手艺文明。但手艺文化的传承与发展仍需后来者的不断努力,在"走进职教课堂"系列视频中,各大职业学校的老师带来了不同手艺文化的讲解,让广大中小学生直观感受手艺文化的魅力,挖掘下一代手艺传承人。

来自广州市旅游商务职业学校的胡加欣老师为我们带来缠花制作课程。在课堂上,我们了解到了缠花的制作步骤。将纸片裁剪成形,用铜丝沿着纸片有序缠绕。在铜丝缠绕间,一个活灵活现的缠花就在指尖诞生。

高级手作工艺也是我们常见的手工艺,讲究在一针一线、一雕一刻间,表达手艺人的态度。尽管现在在机器设备已经很先进,很多工艺品已经从手工变成了机制,但手艺人所特有的匠心,是机器比拟的。来自广州市纺织服装职业学的叶秀娟、姚玉莉、陈丽明老师为我来了高级手作饰品课程,带领我们和珠绣工艺中感受手艺人的匠心。

除了这些精美绝伦的手艺品外,该系列课程也为我们带来了实艺文化讲解。平圆钳、托叶钳、双孔……一件件专业的整形钳或许让你花缭乱。来自广州市财经商贸职业叶赐市老师专业地向镜头展示如何工具矫正不同部位的眼镜,通过一同学们对于眼镜整形岗位内容有更了解,学会简单地矫正自己的眼镜。

中国是礼仪之邦,每逢佳节、日和会见亲朋好友时,总少不了送节。好的礼品包装能更加突显礼量。来自广州市纺织服装职业学秋平老师为我们分享了实用礼品制作方法,带领我们学会正确礼式,不再手忙脚乱!

职业初体验

频获点赞

的文化

汉服发型课 林奕淇

茶艺课 肖楼楼

古装造型之美，一半靠服饰，一半靠型。来自广州市旅游商务职业学校的奕淇老师为大家带来详细的汉服发型程，在课程中为大家分享了一些实用的型小技巧，例如汉服发型分界的技巧、片的使用方法、夹板的用法等，让大家汉服发型不再感到陌生。

烹饪与礼仪：
从课堂中品味饮食文化

民以食为天。走进职业课堂，开始职初体验，自然少不了了解饮食文明。在系列课视频中，各大专业人士为我们带中西饮食文化讲解，让广大中小学生不学习怎么烹饪，还了解了不少饭桌礼仪。

随着奶茶的受欢迎，市面上的奶茶产五花八门，但其实制作奶茶并不困难，自广州市旅游商务职业学校的肖楼楼师为我们分享了奶茶的制作方法，让我在家也能制作美味奶茶。

奶茶配甜点其乐无穷，随着人们生活水平的提高，甜点市场也逐渐崛起，吐司、法棍面包、可露丽等深受欢迎。来自广州市旅游商务职业学校的江志伟老师为我们带来了法棍和吐司的制作课程，带领我们学习如何在家实现"面包自由"。

炸鱼柳、炸薯条和牛肉汉堡等食物，虽然是"热量炸弹"，但也是"快乐武器"。来自广州市旅游商务职业学校的陈金川老师的课程中，我们了解到了炸鱼柳、牛肉汉堡和炸薯条的详细制作方法，以及很多的西餐烹饪技巧，在家也能学会制作"快乐武器"。

学会西餐礼仪，吃西餐才不会手忙脚乱。相信很多人在初次接触西餐时，会出现这些疑问：为什么桌面上有那么多刀和叉、西餐的上菜顺序是怎样的、餐巾应该如何放置……这些细碎的疑问，组成我们对西餐的十万个为什么。来自广州市旅游商务职业学校的甘静老师为我们带来实用的西餐礼仪课，教会我们如何正确吃西餐。

牛肉汉堡课 陈金川

实用礼品包装课 任秋平

高级手作饰品课 叶秀娟

走进匠心课堂 领略职业魅力

羊城晚报推出『走进职教课堂』系列视频

百舸争流，奋楫者先。少年以比学赶超精神，了解真实职业环境，以职教课堂为指南，探清发展的航线，愈能在千帆竞渡中乘势而发。

近日，羊城晚报社推出"走进职教课堂"系列视频，用镜头展现职业教育的魅力，打破学校教育与职业之间的壁垒，让学生们在课堂上深化对职业的认知，体验不同职业的不同乐趣。

蕴含着中华民族文化的美味饺子、香味四溢的诱人烤鱼、如火焰般灿烂的奶香岩烧乳酪吐司、饱含仪式感的手冲咖啡、香嫩可口的牛肉汉堡……色、香、味俱全的背后，是师傅对食材的独到理解，对工序的严格把控。

灵动而精致的创意水果拼盘、体现中国人传统美的汉服发型、细密缠线中流动着丝绸般光泽的非遗工艺缠花、精心雕琢后保留着石本真的玉雕……艺术品的背后是手艺人化平凡为独特的浪漫，以及日复一日的匠心追求。

十八节课堂，如棱镜般映射出不同职业的五彩斑斓，将一丝不苟、精益求精的工匠精神传递给广大中小学生。

统筹/陈晓璇 文/钟紫佩 蔡旭嘉 钟钦 杨雅 林文惠 图/钟钦 陈明谦 陈迪龙

蔡树容

A 学习食物制作 领悟饮食文化

民以食为天，中国饮食文化源远流长，早在春秋战国时期，中国南北菜肴就呈现出不同风味；到清末时期，中国形成了极具饮食文化特色的八大菜系。八大菜系由川菜、湘菜、粤菜、闽菜、苏菜、浙菜、徽菜和鲁菜组成。其中，粤菜主要由广州菜、潮州菜、东江菜这三种地方风味组成。

为响应广东省"粤菜师傅"工程，广州市旅游商务职业学校在2018年建立了首个粤菜师傅培训室。这是首批"广东省粤菜师傅培训基地"。为了推广粤菜文化，来自广州市旅游商务职业学校的吴子彪老师为大家带来粤菜菜系中的"烤鱼"这道菜，带领大家入门学习制作粤菜。

中国的饮食文化博大精深，源远流长，一枚小小的饺子，更是饮食文化几千年的传承，它包含着人们对吉祥平安、团圆美满的美好祝愿。如今，饺子已不止是北方人民过年的餐桌必备品，它已经成为全国人民日常生活都喜爱的美食。相信不少同学也在家包过饺子，猪肉馅、玉米馅、白菜馅、韭菜馅……各式各样，应有尽有。

包饺子看似简单，实则大有乾坤，如何让馅儿不掉落，如何让皮和馅比例协调，如何把形状包得好看让人有食欲？广州市旅游商务职业学校蔡树容老师教授学习如何制作韭菜饺子，还分享3种包饺子的方法，让你秒变"包饺达人"。

咖啡，兴盛于欧洲国家，清朝时期引入中国。目前已成为人们日常生活的饮品之一，它不仅是一种文化，也是一种生活的态度和体验，萦绕鼻尖的香味，唤醒了人们对生活的热爱。

喝咖啡，不仅仅是上班族或聚会下午茶的专属，很多人在家也喜欢冲泡一杯咖啡，静谧地享受咖啡在唇齿间流淌。虚寒咖啡、挂耳咖啡、胶囊咖啡……不同的冲泡方式，让人们体验不一样的冲泡乐趣。

广州市旅游商务职业学校的黄凯老师带来手冲咖啡和家庭咖啡冲泡技巧分享，带领大家认识咖啡，以及如何在家冲泡不同类型的咖啡。

观赏性强的食物往往使人食欲大增。水果拼盘作为一道美味又健康的食物，不仅能提供身体所需的维生素和营养元素，还能通过动手来让人发挥自己的创造力和想象力。

挑选椭圆形的圣女果作为兔子的身体，在底部切一个小片制成兔子耳朵，将圣女果积小的一头做成兔子的头部，在头部置入兔子耳朵，最后用火龙果的籽做成小兔子的眼睛，一个栩栩如生的圣女果兔子便完成了。

除了圣女果的花式切法外，广州市旅游商务职业学校的刘月娟老师还为我们带来了橙子、火龙果、苹果、西瓜、哈密瓜的花式切法。

2023年3月31日/星期五/教育健康部主编
责编 卫轶/美编 张江/校对 李红雨　　A12

纷职业初体验
活动

城晚报推出"走进职教课堂"系列视频——

课堂 领略职业魅力

刘月媛

吴子轮

黄凯

潘慧君

樊贞

朱晓宁

B 体验手工课堂
感受指尖艺术

数枝鲜花，在匠人妙手的修修剪下。鲜花之美一瞬间被放大许多。衬以绿叶，经过精心的编排设计聚拢成束，一束极具美感的花束由此诞生，这便是插花艺术。

起初，人们通过对花卉的定格来传递感情。到后来，各种花木被赋予特殊寓意，插花也逐渐演变成为一种仪式与象征。而插花放之于今日，其发展呈现出更广阔的空间和更多的可能性，插花背后的匠人也逐渐成为一种职业，被称为"美的缔造者"的花艺师由此而来。

广州市旅游商务职业学校的樊贞老师和杨凌老师，通过对多种植物花材的修剪，排列组合，带领学子沉浸式体验手捧花篮和花束的制作，开启"花花世界"里的美妙旅程。

一手持原石，一手执雕刻机，依着白描图案在工作台上精雕细琢，一笔一划中图案轮廓渐显，灵气毕现，一块朴玉就这样被赋予生命，成为一件凝结了工艺美和文化寓意的艺术品。

这是我国最古老的雕刻艺术——玉雕，距今已有几千年的历史。玲珑剔透的镂空雕植物、象征着招财的圆雕蟾蜍，富含诗韵的蝶恋花玉雕挂件……皆是这样一笔一划雕刻而成。

时光荏苒，年代更迭，传统文化的传承重任仍在代代中华儿女的肩上。为了培养新一代玉雕工匠，传承玉雕技艺，广州市轻工职业学校朱晓宁老师为广大学子们带来玉雕人门课堂，从玉石的介绍、玉雕作品的分类和玉石制作过程三部分，带领学子们开启玉雕初体验。

"有前必有后、有左必有右、有上必有下"，一般绳子沿着这样的章法，在圆环上来回穿引缠绕。不一会儿，一个富有对称性的挂饰就完成了。这是中国结环结饰，也是我们古代工艺人智慧的结晶。

中国结由结绳发展而来，"结"读音与"吉"相似，"绳"读音与"神"相似。因而，中国结寓意吉祥幸福平安之意。将编织精巧的中国结放在身旁，既能起装饰作用，又能将美好祝愿随身携带。

双钱结、纽扣结、凤尾结、琵琶结这些都是我们常见的中国结样式，编织中国结讲究"七分想理三分做"，做到心思细、手灵活，方能编出一个活灵活现的中国结。广州市轻工职业学校老师林瑾琪和天河乞巧习俗项目代表性传承人潘慧君为学子们带来乞巧文化课堂，了解乞巧文化的由来，学习如何编织中国结。

↗ 链接

劳动教育五彩缤纷

羊城学校劳动教育职业体验活动由广州市教育局主办，广州市旅游商务职业学校承办，羊城晚报教育发展研究院协办。该活动以"职业体验"为主题开展活动与课程。联动学校，家庭和企业，全方位的多维度为广州市学子带来丰富多元的职业体验。

广州市教育局表示，希望通过五彩缤纷的劳动教育职业体验系列活动，打造"五彩三度(深度、广度、温度)"的活动效果。下一步，广州市大中小学将继续发挥劳动教育在育人才培养中的重要作用，打造政府、学校、家庭、社会"协同育人"共同体，把广州市劳动教育打造成粤港澳大湾区乃至全国的示范标杆。

走进职教课堂

01

走进职教课堂

学习烤鱼制作，
做自己的"掌勺人"

报道链接

　　一条海鲈鱼、适量姜、葱、酒、生抽、胡椒粉、柠檬汁（或柠檬切片）、白胡椒粉、孜然粉就组成了烤鱼的食材和配料。那么，怎样对鱼进行加工处理呢？烤箱的操作步骤都是哪些呢？如何将一条海鲈鱼烤制得非常美味呢？同学们！让我们带着这些疑问，一起走进吴老师的课堂吧！

学习不同咖啡冲泡方法，
我也是小小咖啡师

报道链接

喝咖啡，不仅仅是上班族或聚会下午茶的专属，很多人在家也喜欢冲泡一杯咖啡，静谧地享受咖啡在唇齿间流淌。速溶咖啡，挂耳咖啡，胶囊咖啡……不同的冲泡方式，让人们体验不一样的冲泡乐趣。

这节课，广州市旅游商务职业学校的黄凯老师将带领大家认识咖啡，以及如何在家冲泡不同类型的咖啡。

03 走进职教课堂

小小饺子有大乾坤，
一起学习秒变"包饺达人"

报道链接

　　包饺子看似简单，实则大有乾坤，如何让馅儿不掉落，如何让皮和馅比例协调，如何把形状包得好看让人有食欲？这节课，同学们一起跟着广州市旅游商务职业学校蔡树容老师，学习如何制作韭菜饺子，蔡老师还将分享三种包饺子的方法，让你秒变"包饺达人"。

走进职教课堂

走进"花花世界"，
成为美的缔造者

报道链接

　　起初，人们通过对花卉的定格来传递感情。到后来，各种花木被赋予特殊寓意，插花也逐渐演变成为一种仪式与象征。而插花放之于今日，其发展呈现出更广阔的空间和更多的可能性，插花背后的匠人也逐渐成为一种职业，被称之为"美的缔造者"的花艺师由此而来。

05

学习制作水果拼盘，
感受水果拼盘秀

报道链接

　　挑选椭圆形的圣女果作为兔子的身体，在底部切一个小片制成兔子耳朵，将圣女果体积小的一头做成兔子的头部，在头部置入兔子耳朵，最后用火龙果的籽做成小兔子的眼睛，一个栩栩如生的圣女果兔子便完成了。这是本期视频中圣女果的花式切法。

走进职教课堂

品读玉雕文化，
开启玉雕初体验

报道链接

　　一手持原石，一手执雕刻机，依着白描图案在工作台上精雕细琢，一笔一划中原石轮廓渐显，灵气渐现，一块朴玉就这样被赋予生命，成为一件凝结了工艺美和文化寓意的艺术品。

走进职教课堂

学习中国结编织，
看一根绳子如何玩出N种花样！

报道链接

　　"有前必有后、有左必有右、有上必有下"，一股绳子沿着这样的章法，在圆环上来回穿引缠绕。不一会儿，一个富有对称性的挂饰就完成了。这是中国结环挂饰，也是我们古代手艺人智慧的象征。

走进职教课堂

学习眼镜整形，
做自己的"光明使者"

报道链接

　　平圆钳、圆/尖/弯嘴钳、托叶钳、双孔鼻托钳……一件件专业的整形钳或许让你看得眼花缭乱，但它们可是眼镜定配师最重要的工具。叶老师非常熟练且专业地向镜头展示如何用不同工具矫正不同部位的眼镜，最关键是需要根据佩戴者头部、面部的实际情况以及配戴后的视觉、心理反应等因素而进行的针对性调校。

走进职教课堂

化身茶饮师，
感受千年奶茶文化

报道链接

"秋天的第一杯奶茶" "奶茶续命" "奶茶快乐水"……各种奶茶梗层出不穷，奶茶似乎有一种神奇的魔法，小啜一口就会促使大脑不断分泌多巴胺，打开快乐世界的大门。随着奶茶的受欢迎，市面上的奶茶产品五花八门，不断推陈出新，但其实制作奶茶并不困难，下面就跟随着广州市旅游商务职业学校的肖棱棱老师的节奏，学习如何制作奶茶吧。

走进职教课堂
学习制作牛肉汉堡，
解锁更多西餐知识

报道链接

　　将备好的洋葱碎、淀粉和少许盐加入新鲜牛脊肉中，再放进一小块黄油，用干净的手揉捏均匀，接而执刀将牛脊肉切碎，用手揉搓成饼状备用。在锅中将黄油低温化开，放汉堡胚煎制，再将备好的牛肉放进去煎制，最后将芝士放到顶层，待芝士化开后，加上生菜、番茄、酸黄瓜、酱汁等，一块香喷喷的牛肉汉堡就出炉了。

走进职教课堂

外酥里嫩，
超实用美式炸鱼柳课程来啦！

报道链接

　　整个炸鱼柳的制作过程简单易懂，先将鲜嫩多汁的鱼肉切成薄片状，随后裹上面包屑后油炸至金黄色，一叠外皮酥脆，内部嫩滑的炸鱼柳就出炉了！分割鱼肉的果断刀法、腌制鱼肉的细腻力度、烹制鱼肉的精准把握……

走进职教课堂

令人垂涎欲滴的岩烧乳酪吐司在家也能制作？一起来学习实现"吐司自由"

报道链接

随着人们生活水平的提高，甜点市场也逐渐崛起，光是吐司就被创新衍生出无数种类，芝士培根土司、蒜香黄油土司、鲜奶土司、岩烧乳酪吐司……看着令人垂涎欲滴的各色吐司，很多人会感慨这种"人间美味"究竟是怎样做出来的，其实并不难，有土司，有烤箱，搭配自己喜欢的食材，在家也能实现"吐司自由"。

13

制作经典蒜香法棍片，
在动手中感受美食带来的惊喜

报道链接

　　袁皮松脆，内里柔软有韧劲，麦香萦绕嘴间，越嚼越有劲……目前法棍中最经典的就是蒜香法棍片，蒜香四溢，外酥里韧。你想不想也来尝试自己做一款蒜香法棍片？备上法棍，烤箱，蒜末，黄油、西芹叶……一切、一抹、一烤，一起在动手中感受制作美食的惊喜，在美味中感受生活的美好。

走进职教课堂

化身巧手发型师，
感受汉服发型魅力

报道链接

古代造型之美，一半靠服饰，一半靠发型。随着"汉服热"的兴起，汉服逐渐成为人们游玩、约拍以及出席重要场合的首选服装。然而汉服虽美，但只身着汉服，穿戴者之美恐怕不足以完全突显，汉服搭配上精致的汉服发型更能增添几分韵味。本期汉服发型课程为大家分享了一些实用的发型小技巧，例如汉服发型分界的技巧、发片的使用方法、夹板的用法等，让大家对汉服发型不再感到陌生和畏惧，"手残党"也能学会！

走进职教课堂

学习非遗手艺文化，
体会"妙指生花"！

报道链接

　　缠花是我国的非物质文化遗产之一，由裁剪纸片、裁剪铜丝、劈蚕丝和缠花四个步骤组成。将纸片裁剪成形，用铜丝沿着纸片有序缠绕。在铜丝缠绕间，可见图案渐显，造型渐现，一个活灵活现的缠花就在指尖诞生了！

16

走进职教课堂

学习西餐礼仪，
解锁正确西餐用餐法！

报道链接

　　的确，西餐看似是一顿饭，其中却有很多学问。害怕出错怎么办？不要着急，来自广州市旅游商务职业学校的甘静老师为我们带来实用的西餐礼仪课，帮助我们解开疑问。在这节课上，我们了解到西餐的入座方式、西餐中面包的吃法、刀叉的不同摆放位置传递的不同信号等。快点击视频，解答关于西餐的"十万个为什么"吧。

走进职教课堂

学习高级手作饰品制作，
领悟手艺人精神

报道链接

　　在布上裁剪出花瓣片和叶子片，调出合适的颜色，从四周到中间逐渐给花瓣和叶子上色、晕染，接着用工具将花瓣和叶子烫出形状，最后用稀释胶水揉搓定型，一朵含苞待放的玫瑰花就这样在指尖间"诞生"。这是造花工艺，是高级手作工艺的一种。

学习礼品包装，
让礼物更有分量！

报道链接

　　中国是礼仪之邦，每逢佳节、喜庆之日和会见亲朋好友时，总少不了送礼的环节。礼物是一份心意，寄托着我们的美好祝福，也是一种仪式感，让平凡日子多了几分惊喜。谈到礼物，自然能够联想到礼品的包装。好的礼品包装能更加突显礼物的分量，给人一种正式、庄重的感觉。

后 记

广州市旅游商务职业学校是广东省首批中小学劳动教育基地，注重加强顶层设计，从内涵建设入手，结合学校专业特色和中小学生活动特点，编制《劳动教育实践手册》。2020年以来，先后与广州市15所中小学校签订共建劳动教育基地的协议。随后推送18个在线课程，近40万中小学生参加学习。

为及时总结工作，凝聚力量推动本地劳动教育迈上新台阶，广州市家庭教育名师王朝晖工作室组织旗下21个成员单位广泛开展劳动教育工作交流活动。除了推送线上学习课程，还组织线下的职业体验活动，吸引很多家长带孩子一起参与，羊城晚报等主流媒体倾力传播，社会反应热烈。

承蒙兄弟学校大力支持，有的学校校领导亲自部署，师生踊跃投稿，本次征集活动共收到各类作品126份。经过遴选，确定刊印作品50份。工作室特邀广东省中等职业学校德育研究与指导中心主任汪永智教授为顾问，并为本书撰写前言；特邀广东技术师范大学陈吉鄂博士等专家对入选作品进行专业指导；承蒙羊城晚报教育研究院执行院长陈晓璇为本书作序，以媒体人的身份推动广州劳动教育的践行，在此一并感谢！

限于编者的学养和水平，这本刊物的缺憾和差错在所难免，热忱期盼各位同仁提出宝贵的批评意见，给予指正。希望《五彩劳育悦生活——中职学校劳动教育拾萃》能以"星星之火"的能量，激发大家正确的劳动价值观，以劳动教育撬动五育并举，助力学生全面发展，为实现中华民族伟大复兴的"中国梦"贡献职教力量！

王朝晖

2023年6月　广州